白碱滩文史资料

第二辑

政协白碱滩区委员会 编

中国文史出版社

图书在版编目（CIP）数据

白碱滩文史资料 . 第二辑 / 政协白碱滩区委员会编
. — 北京：中国文史出版社，2023.12
ISBN 978-7-5205-4457-3

Ⅰ . ①白… Ⅱ . ①政… Ⅲ . ①区（城市）—文史资料—克拉玛依 Ⅳ . ①K294.54

中国国家版本馆 CIP 数据核字（2023）第 218642 号

责任编辑：窦忠如

出版发行：中国文史出版社
地　　址：北京市海淀区西八里庄路 69 号　邮编：100142
电　　话：010-81136602　81136603　81136606（发行部）
传　　真：010-81136655
制　　版：北京方舟正佳图文制作有限公司
印　　装：廊坊市海涛印刷有限公司
经　　销：全国新华书店
开　　本：700 毫米 × 1000 毫米　1 / 16
印　　张：17.25
字　　数：217 千字
版　　次：2024 年 1 月北京第 1 版
印　　次：2024 年 1 月第 1 次印刷
定　　价：58.00 元

白碱滩文史资料

（第二辑）

编委会

序

白碱滩区政协党组书记、主席　唐卫东

政协文史工作是人民政协一项富有统一战线特色的基础性工作，是记录历史、研讨学术的形式，也是广开言路、集思广益的渠道，具有“存史、资政、团结、育人”重要作用。编辑出版政协文史资料，可以匡史书之误、补档案之缺、辅史学之证，并有利于发扬民主、增进团结。

2022年，按照区委主要领导“围绕挖掘和弘扬石油精神，进一步做好政协文史资料工作，推动文化润疆工作深入开展”的要求，乘着《白碱滩文史资料》第一辑成功出版的东风，我们启动了《白碱滩文史资料》第二辑的编纂工作。一年来，通过走访老领导老同志，我们又收集到了一些克拉玛依油田开发建设的珍贵资料，使我区的文史资料得到了充实和丰富。同时也进一步深化了对做好我区政协文史工作重要性、紧迫性的认识，深刻感受到作为克拉玛依油田开发建设的主阵地，60多年的石油石化工业发展史，不仅让白碱滩为共和国的繁荣发展贡献了力量，更让石油精神在白碱滩世代相传、世代发扬！60多年来，白碱滩人始终秉持“我为祖国献石油”的坚定信念，怀着“安下心、扎下根，不出油、不死心”的坚定决心，发扬艰苦创业、爱国奉献的光荣传统，不畏挑战、敢于拼搏，勇于担当、无私奉献，为实现中华民族伟大复兴的中国梦而努力。

文史资料工作是人民政协的看家本领。中共中央办公厅2021年印发的《关于加强和改进新时代市县政协工作的意见》要求：要做好包括文史资料工作在内的其他经常性工作。白碱滩是一个奋斗创业和实现梦想的地方，是一个有故事的地方，历代城市和油田建设者的英雄事迹和经验做法为我们做好政协文史工作提供了丰厚的土壤，需要我们去挖掘整理，去传承和发扬光大。我们将总结经验，继续努力，努力为当代和后人留下更多的珍贵文史资料。

习近平总书记在庆祝中国共产党成立100周年大会上的讲话中强调，以史为鉴、开创未来。这对于加强和改进新时代政协文史工作，进一步发挥人民政协文史资料的社会作用，广泛凝聚共识提出了更高要求。白碱滩政协人将继续本着严谨认真、求真务实的态度，以高度的政治责任感和强烈的历史使命感，踔厉奋发、砥砺前行，将抢救挖掘与做好经常性文史工作有机结合起来，为深入开展文化润疆工作、推进“两区”建设贡献白碱滩政协人的智慧和力量！

2023年10月

目 录

历史瞬间

史料记述

人物春秋

行业轶事

往事追忆

深情厚谊

历史瞬间

早期的钢铁钻井队

1955 年，钻出克拉玛依一号井的 1219 钻井队队长陆铭宝（中）与工人一起学习研究钻头。

1958 年，新疆石油管理局优秀钻井队长张云清介绍钻井技术。

1958 年，“月上双千”的钻井队队长李世顺（左）指导工人张复礼高速钻进。

1960 年，青年钢铁钻井队张同文（右）班正在取岩心。这支钻井队在 1959 年登上了年钻井进尺二万米的高峰。

1979 年 7 月 22 日，新疆石油管理局党委命名钻井处 5014 钻井队为“硬骨头钻井队”。

第二支女子钻井队风采

1976年6月5日，新疆石油管理局钻井处32652女子钻井队成立，这是克拉玛依油田第二支女子钻井队。自1976年至1984年，该女子钻井队共钻井63口，进尺124306米，发展党员26名，团员103名，培养和输送各级干部27名。获得“全国三八红旗集体标兵”、石油部“钻井翻番队”称号。

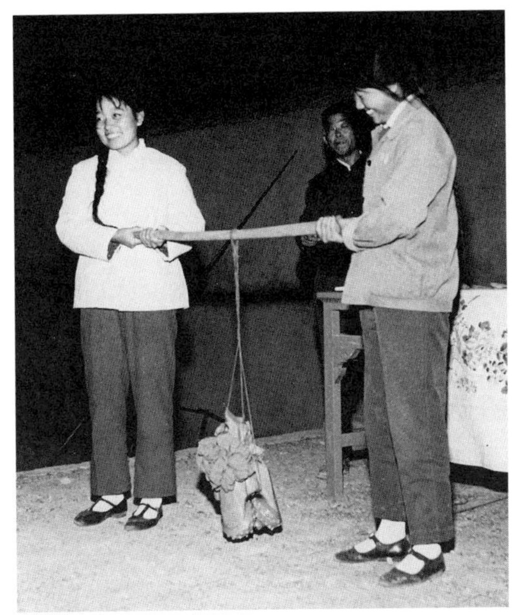

1978年8月，新疆石油管理局钻井处授予32652女子钻井队“钻井翻番排头兵”荣誉称号，在表彰大会上奖励该队一只高效优质钻头。

1979年，女子钻井队员们在工作中一起学习讨论。

炼油足迹

1959 年，克拉玛依炼油厂首套炼油装置——西常压。

20 世纪 60 年代的克拉玛依炼油厂的中型化验车间。

20 世纪 60 年代初，克拉玛依炼油厂职工自力更生打土块。

20 世纪 70 年代初，克拉玛依炼油厂职工食堂组织开展做馒头比赛。

办法总比困难多

1956 年，克拉玛依的“帐篷邮局”每隔一天就有一趟邮件班车。

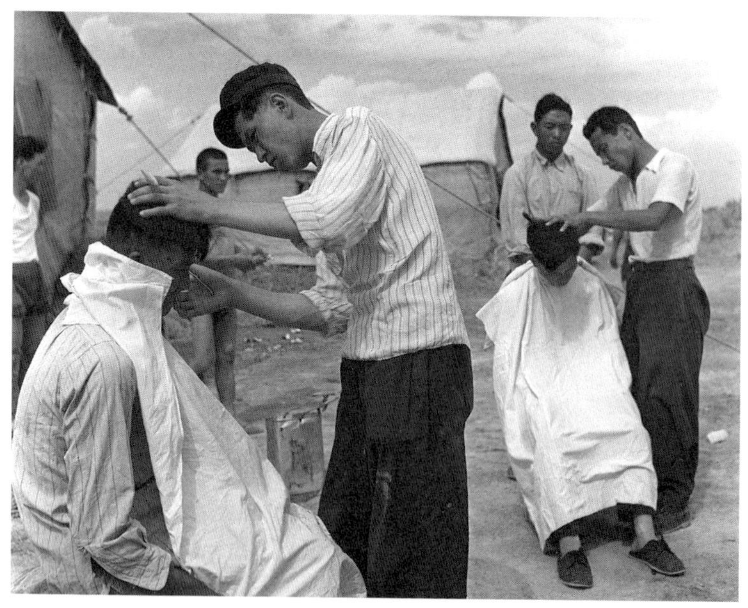

1956 年，理发员深入各个探区给石油工人理发。

1960 年，人们在“流动书店”前看书。

1975 年，克拉玛依油田副食品供应紧张，新疆石油管理局各二级生产厂处纷纷开荒造田，种植蔬菜。当年的石油职工或轮班到农场劳动，或参加开垦荒地会战。新疆石油管理局钻井处在垦荒修渠工地上设立了“临时广播站”，报告会战动态，宣传先进事迹。

1977年，新疆石油管理局钻井处在克拉玛依市商业局白碱滩商店的支持下，组织送菜上门活动，为工程技术人员提供生活帮助。

1978年，在新疆石油管理局钻井处“双八”会战指挥部的“帐篷化验室”里，工程技术人员在分析泥浆性能。照片中的两位男化验员马忠贤（左）和高劲夫（右），一位是泥浆技师，一位是泥浆工程师，都是50年代坐着大卡车来到克拉玛依参加石油建设的创业者，后来成为泥浆技术专家。

电厂机组发展寻迹

20世纪60年代，克拉玛依电厂早期机组。

1963年，克拉玛依电厂二期扩建工程安装施工现场。

1978 年，克拉玛依电厂三期工程安装施工现场。

1983 年，克拉玛依电厂四期工程安装施工现场。

1985 年，克拉玛依电厂五期扩建工程破土动工奠基剪彩现场。

20 世纪 80 年代，克拉玛依电厂电气主控室。

为水而战

1955 年，人们用骆驼从中拐苇湖拉水。

1960 年，克拉玛依油田职工们拉水。

1960年，油田职工挥镐修建百（口泉）—克（拉玛依）水渠。由于缺乏机械化施工手段，主要靠炸药爆破，人工挖运土石方，混凝土搅拌、捣固等，也主要靠手工作业，工程十分艰巨。1961年2月全线通水，全长75.56千米，日供水8000～10000立方米。

1970年6月，白杨河水库及引水渠道全面动工。1972年5月，白杨河水库竣工，库容为3700万立方米，与其配套工程输水渠道全长72.2千米。图为1970年，市民在修建白（杨河）—克（拉玛依）水渠。

学习钻研

1958 年，钻井工人在讨论钻井知识。

20 世纪 60—70 年代，供水职工认真细致地进行水样分析。

1979 年，电厂专业技术人员做试验监测。

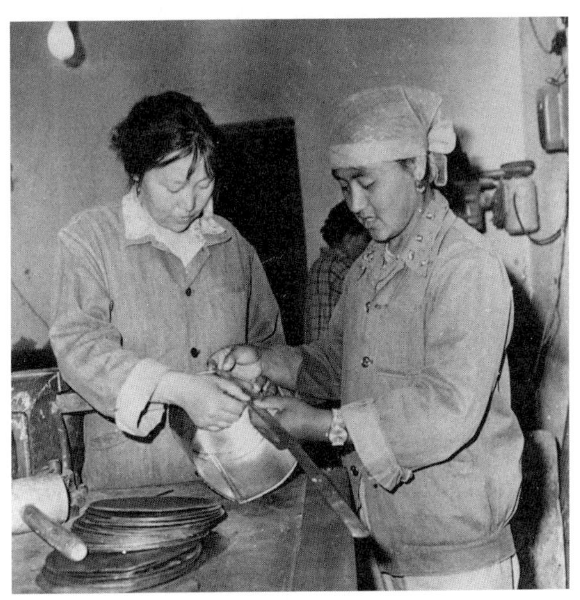

1982 年 7 月，采油二厂一车间铁皮班维吾尔族女工帕提马和汉族女工王金凤，自 1976 年以来在一个班工作，她们互相帮助、共同进步，被大家誉为互帮互学的亲姐妹。

业余生活

1956年7月10日，从上海来到克拉玛依的年轻小伙子们，辛勤劳动一天以后，欢聚在一起，像开文娱晚会。是年，四川石油管理局大批工程技术人员和管理干部以及上海、四川两批青年分别到达克拉玛依参加石油工业建设。

1958年11月，石油工人的业余活动。

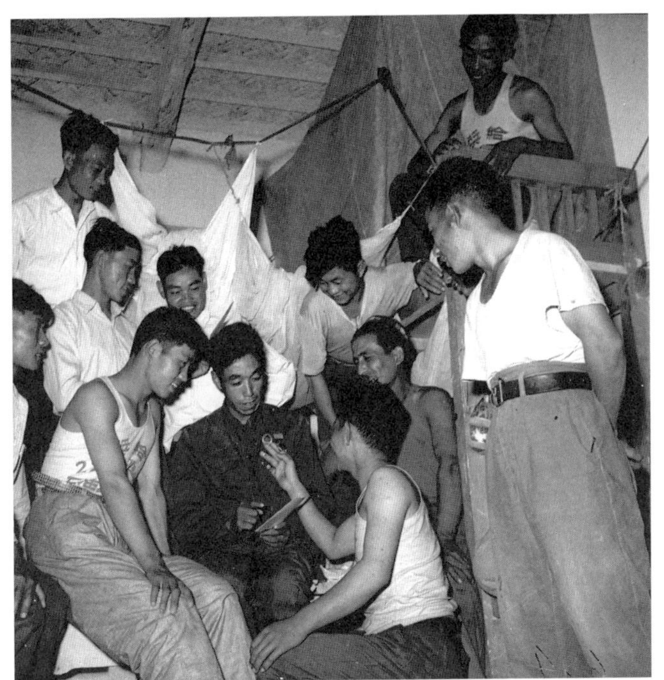

1960 年的井队生活。

1979 年，职工集体婚礼。

白碱滩职工子弟学校记忆

1959 年 8 月，钻井处在白碱滩地区建起了第一所小学——白碱滩职工子弟学校，1964 年首批 9 名小学生毕业。1966 年，学校更名为“克拉玛依东方红小学”。1969 年，学校附设初中部，分设小学部、中学部、民族部。1983 年，中学部、民族部迁出小学，分别成立钻井处中学和民族中学，学校更名为钻井小学。1986 年，钻井小学分为两地一校（增设五亭分校），实行统一领导，分开办学。1988 年 3 月，五亭分校单设，校名定为“钻井公司第二小学”，原学校改称“钻井公司第一小学”。1997 年 7 月，第一小学从钻井公司分离，划归市政府管理，学校更名为“克拉玛依市第十九小学”。当时，学校有教学楼 3 幢，教室宽敞明亮，有先进的计算机教室、图书室、乒乓球室、音乐室、美术室、体检室等，教学仪器齐全、办学条件完备。

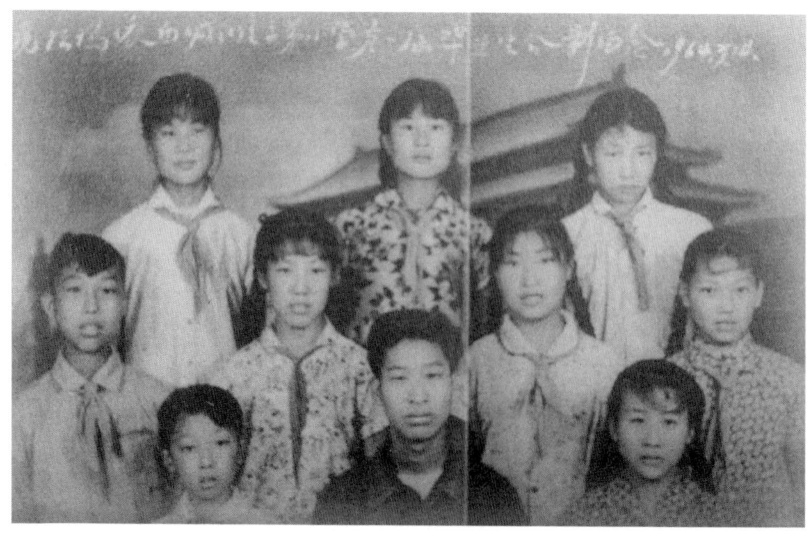

1964 年 7 月，克拉玛依白碱滩职工子弟学校第一届毕业生 9 名，师生合影。

20 世纪 70 年代，克拉玛依钻井处东方红小学举办运动会。

1972 年的东方红小学。

1987 年 6 月，克拉玛依钻井处小学六年级教师合影。

1990 年 7 月，克拉玛依钻井公司第一小学九〇届六班毕业师生合影。

史料记述

克拉玛依飞跃发展的四年

秦 峰

1955 年 10 月，在新疆准噶尔盆地西北部的戈壁滩上，从一号探井喷出了黑色的石油后，迅速被证实了它是一个最有希望的大油田。1958 年 7 月，根据国务院的决定，这里正式建立了我国第二座石油城——克拉玛依市。

四年来，克拉玛依从无到有，由小到大，发展的速度是惊人的。在过去荒无人烟的黄羊之乡，竖起了林立的钻井井架，密布着按几何图形排列的采油树，建设了成群的储油罐，铺设了纵横交错的集油输油管线，修筑了四通八达的公路网；在成吉思汗山[①]脚下，鳞次栉比的厂房和住宅，从西向东绵延数公里，构成了别具风格的带状城市。

克拉玛依已经成为我国重要的石油基地之一，在石油工业的发展和建设中，起着日益重大的作用。1959 年，担负着全国原油生产任务的四分之一以上，开采的石油通过长距离输油管线，输送到 140 公里以外的独山子炼油厂进行炼制，生产的成品不仅可以满足新疆地区的

① 成吉思汗山：与它北面的加依尔山属于同一基底，是加依尔山的一部分，是其最东侧的一条台状山。位于克拉玛依北麓，海拔 500 米以下。在此作注，后文不再一一赘述。

全部需要，而且还运到国内其他省市，支援全国的社会主义建设。

克拉玛依在发展和建设过程中，得到了全新疆和全国人民的大力支援。在勘探初期，自治区抽调了数百辆汽车和数千名劳动力，为钻探工作修筑了数百公里的公路干线和探区支线，为石油职工建设了数百幢住宅；塔城、阿勒泰、伊犁专区各族人民，供应了石油职工各种主副食品。几年来，鞍钢、上海和天津等地，给克拉玛依供应了数万吨钢材和大批机器设备，江苏、山东、湖南等省派来了成千上万的青壮年与复员转业的解放军官兵，壮大了石油职工队伍。与此同时，在石油部系统内，还得到了玉门、青海、四川等石油管理局及宝鸡机械厂在人力物力上的支援。

前苏联的援助对克拉玛依油田的发现与发展，有着重大的意义。1955 年以前，前苏联专家就在克拉玛依地区帮助进行了野外地质调查工作。1956 年大规模钻探开始，前苏联不但供应了我们 10 万多吨钢材与设备，还派来了大批的优秀专家，帮助我们解决勘探与开发中的各项重大技术问题，作出了很大的贡献。

几年来克拉玛依高速度地进行石油勘探和油田开发，获得了辉煌的成绩。四年来总共钻井近 1000 口，进尺 92 万米，生产原油 102 万吨。各项生产与建设计划，年年超额完成。1958 年是特大跃进的一年，在党的总路线的光辉照耀下，钻井以 178.6% 完成了国家计划，采油以 166.9% 完成了国家计划。与 1957 年相比，钻井增长 3.6 倍，采油增长 3.7 倍，油田面积扩大 2.7 倍。

四年来，在 1955 年以前野外地质调查工作的基础上，先后在红山嘴、克拉玛依、白碱滩、百口泉、乌尔禾、夏子街、陆梁等 10 余个地区，数千平方公里的面积上，进行了深井钻探工作，获得了巨大的成果。发现了红山嘴、克拉玛依、白碱滩、百口泉、乌尔禾 5 个油田。1956 年，石油工业部确定了大剖面区域性勘探与集中钻探相结合的方针，在克拉玛依广大的地区内进行了钻探，发现了一块大面积的油田及数个有希望的含油地区，大大加快了钻探速度。1957 年对克拉玛依、白碱滩等重点地区进行了集中钻探，扩大了克拉玛依油田，发现了白碱滩油田。同时，在已经探明的克拉玛依油田上，开始打第一批生产试验井，为以后的油田开发工作，打下了初步基础。

1958 年，石油工业部采取了以钻井为中心的方针，带动了各项工作的“大跃进”，石油勘探获得了空前大丰收。这一年，重点对克拉玛依、白碱滩、百口泉、乌尔禾等地区，进行了大规模的集中钻探，并将夏子街、陆梁、石英滩、德仑山等地区投入钻探。不但进一步扩大了克拉玛依、白碱滩油田，而且发现了白碱滩高产区，初步发现了百口泉油田。白碱滩高产区的发现，有着特别重大的意义。在这块高产区内，油层产油能力很高，钻成的生产井，可以以一当五。

根据党的“两条腿走路”的一整套方针，克拉玛依具体贯彻执行了石油工业部提出的大小油田并举和深浅油层并举的方针，在钻探大油田、深油层的同时，大闹黑油山，对克拉玛依北部的浅油层，也进行了大规模勘探，发现了一块数十平方公里的浅油层油田。

1959 年，根据石油工业部“缩短战线，集中兵力，突击重点，打歼灭战”的方针，重点对白碱滩、百口泉、红山嘴、乌尔禾等地区进行了高度集中的钻探，先后在红山嘴 80 号井，克拉玛依 123、251 号井，白碱滩 289 号井，百口泉 229 号井及乌尔禾 249 号井，获得了工业性油流与自喷油流，进一步扩大了克拉玛依与白碱滩油田，发现了红山嘴油田，肯定了百口泉与乌尔禾油田。从而，完全证实了克拉玛依—乌尔禾地区是一个大油区。两年前，克拉玛依市区曾经处在油田的中心，现在已被甩到油田的西北角落。由此可见，油田的扩大是多么迅速！

克拉玛依钻探工作的成功率是很高的。过去几年完钻的探井成功率达到 78%，探井每一米所获得的储量也达到了世界的先进水平。在

“大跃进”的1958年，成绩更为显著，探井每一米的储量比1957年提高120%。

随着钻探工作的发展和油田的扩大，油田开发得到了迅速发展，原油生产突飞猛进，成倍递增。原油生产如以1956年为100吨为基数，1957年达到428吨，1958年提高到2032吨，1959年将上升到5784吨，比“大跃进”的1958年还增长1.8倍以上。

1958年，在以钻井为中心的方针指导下，在完成大批探井，扩大油田面积的同时，打成了大批生产井，大大提高了原油生产水平，为以后大规模开发油田，打下了良好的基础。1959年，克拉玛依油田由勘探时期正式进入开发时期。根据石油部与管理局指示，我们在1958年以钻井为中心的方针的基础上，贯彻执行了以原油生产为中心的方针，在克拉玛依—白碱滩油田上开展了大规模的生产钻井，抽调最强的钻井队，组织了白碱滩高产区大会战，完成了大批高产的生产井，原油生产实现了新的跃进，1～3季度的原油生产量，比去年同期增长2倍左右。9月下旬比1月平均提高2倍，接近了玉门油矿的原油生产水平。

为了合理开发油田，提高油层采收率，根据国内外的先进技术，从1958年3月起，开始了油田注水试验工作。一年来试验结果表明，克拉玛依油田完全适于采用油层压力保持法（油田注水）进行开采。在采用注水开发的条件下，油层最终采收率可以达到40%以上，比溶解气驱的采收率提高1倍，也就是说等于新发现一个同样大的油田。

本着“两条腿走路”的精神，我们根据石油部与管理局的指示，同时抓紧了新井与旧井的正常采油与增产措施，收到了显著效果。今年以来，在抓紧新井投产的同时，组织了大批力量，加强了积压井（未投产旧井）的修复与投产工作。到8月底为止，修好并投产的积压井有 107 口，每日可增产原油能力 500 吨以上，从 4 月到 8 月共采油 57000 余吨。在加强油井管理，保证生产井正常采油的同时，采取了一系列的增产措施，提高油井产量。几年来，进行压裂、挤原油、酸处理及井下电热等增产措施的有 44 井（次）。1959 年 1 ~ 9 月，仅在一部分井上采取措施，就增产原油 6000 多吨。

原油生产的提高，促进了原油集输工作的发展，克拉玛依—独山子及白碱滩—克拉玛依输油管线今年年初投入生产以后，9 个月来，已向独山子炼油厂输 40 多万吨原油。输油工人经过这一时期的苦干巧干，初步掌握了长距离输油的一套复杂的技术。为了节省钢材，采油职工去年试验成功了密闭采油、集油的先进方法，1959 年又进一步解决了密闭系统的油井计量问题。

1957 ~ 1959 年基本建设得到了蓬勃的发展。截至目前，油区内建成了白碱滩—克拉玛依—独山子之间 242 公里（包括复线 60 多公里）的长距离输油管线及 7 个输油站，年输送能力可达 100 万吨，此外还建设了年处理 15 万吨原油的炼油厂，各种贮油罐 8 万多立方米，集油站、选油站 15 座，计量站 60 座，铺设了油田集油输水管线 150 公里，油井出口管线 140 公里，油田注水站 2 座；修筑了公路干线及支线 599 公里。在市区内，建成了综合机械修理厂、内燃机修理厂、中心柴油机发电站等重点工程；兴建了 300 个床位的职工医院，可容 1000 余人的中苏友谊馆，露天剧场，运动场，数十座职工食堂及托儿所。职工住宅和其他福利建设面积超过 21 万平方米。整个油区的工业与民用建筑总面积达到 27 万平方米。

随着克拉玛依的建设和发展，石油职工队伍得到了迅速的成长和壮大。在大规模勘探的第一年 1956 年底，职工总数为 3889 人，现在已经发展到 21000 人，增长了 4.5 倍，职工中有汉、维吾尔、哈萨克、回、苗等 23 个民族成份。

几年来，职工培训与职工教育有了很大的发展。目前全矿共有红专学校和业余文化技术学校 17 所，参加学习的人数有 16000 多人，占职工总数的 80% 左右。通过实际操作，脱产（半脱产）培训与业余学习，广大职工文化水平迅速提高，大部分新职工参加工作后 3 ~ 6 个月内，就初步具备了独立操作的能力。

党的领导是克拉玛依飞跃发展的根本保证。几年来的巨大成绩，都是贯彻执行党的各项方针政策的结果，巩固和加强了党在企业中的绝对领导，大大提高了广大职工的政治觉悟。

根据党的群众路线，我们在一切工作中发动群众，依靠群众，大搞群众运动。1958 年以来，在党的总路线的光辉照耀下，广大职工破除迷信，解放思想，意气风发，斗志昂扬，发扬了敢想、敢说、敢干的共产主义风格，鼓足了冲天的革命干劲，表现了无比的劳动热情，掀起了赶先进、争上游、打擂比武、争夺标杆的热潮，创造了高速度、高指标，实现了生产工作全面大跃进。1956 年、1957 年，只有一个钻井队月钻 1000 米，1958 年，由于广泛开展了“月上千”运动，共有 30 个钻井队登上了“千米台”，张云清、孙玉廷钢铁井队创造了月钻 4310 米和 4525 米的高标杆。全年钻机月速度平均达到 809 米，比 1957 年提高了 2 倍。安装队职工破除迷信，大胆试验成功并广泛采用了井架立体整体拖运的工业化施工方法，创造了 2 ~ 3 小时安装一部中型钻机的成绩，安装速度平均比 1957 年提高 2 倍以上。

1959 年以来，全矿职工在 1958 年“大跃进”的基础上，开展了轰轰烈烈的优质高产红旗竞赛运动和夺油大战，取得了新的巨大成绩。尤其在党的八届八中全会精神的鼓舞下，全矿职工掀起增产节约新高潮，采油水平扶摇直上。截至 9 月 19 日，提前 11 天完成了 1 ~ 3 季度的国家采油计划及其他生产建设计划，实现了向新中国成立 10 周年献礼的誓言。

在过去四年飞跃发展的基础上，克拉玛依各族职工一定继续鼓足干劲，力争上游，坚持党的总路线奋勇前进！为提前超额完成 1959 年国家采油计划，迎接 1960 年更新更大的跃进而奋勇前进！

△作者曾任新疆石油管理局党委书记兼局长，克拉玛依第一任党委书记兼市长。原文来自 1959 年 9 月 30 日《新疆石油日报》。

油田开发初期的日日夜夜

马骥祥

黑油山踏勘

1954 年 12 月 31 日，中苏石油股份公司正式移交给中国独立经营。从此，建设新疆石油工业的光荣使命就落在了年轻的中国石油工人身上。

为了寻找更多的石油，经过长期争论，新疆石油公司决定由独山子矿务局派出一支钻井队前往黑油山，打出第一口勘探井。

为了做好黑油山钻探工作准备，1955 年 2 月初，独山子矿务局决定由我带领前苏联专家阿不拉莫夫、井架安装队崔林庆（外号崔老三）、翻译刘仁提前去黑油山看 1 号井地形，为 1 号井开钻摸清情况。

2 月初的一天早上，我们乘一部带加力的嘎斯—69 卡车由独山子出发，路经乌苏、车排子，向黑油山方向前进。离开乌苏不远，就没有路了，一片苍茫大地，完全靠辨别方向摸索前进。天快黑时，才到车排子，还没有走完全程的一半，再往前就渺无人烟了。晚饭后，我们准备了足够的柴火，继续前进。半夜时分，到了前山涝坝。这里沙丘连着沙丘，梭梭柴黑压压地一片接着一片。我们在沙丘间弯弯曲曲走了很长时间，还没有找到地图上距我们只有 30 千米的黑油山。我们坐在敞篷车上累得难受，加之严寒袭人，都不停地跺脚，以防冻僵。崔老三和刘仁不时用汉语、俄语怨天怨地。但一谈到我们的任务，一谈到黑油山的勘探，大家又兴奋得开怀大笑。到红山嘴，我们打开地图，辨别方向，选择路线。远望东南西三方，戈壁滩被一尺多厚的积雪覆盖，只有北边的成吉思汗山在夜幕中隐隐闪现。大家高兴得喊了起来，知道黑油山就在成吉思汗山下。我们上车继续前进。一出红山嘴，地势平坦，司机把车子开得很快，我坐在上面感到很舒服。老崔开起玩笑来：快到了，我们上了黑油山的柏油路。有人反驳他：不是，是到了黑油山“飞机场”。

后半夜，我们在成吉思汗山下又转了几圈，最后终于找到了黑油山。按正常路程计算，160 千米 3 小时就可以走完，可我们足足走了 22 个小时。这时东方发白，天就要亮了。我们实在疲乏了，有的同志一进地窨就打起瞌睡。我们提醒他不能睡，要赶快点火，不然会冻坏的。火点起来后，身体暖和了，可肚子又叫起来，真是又饥又渴。大家开始化雪，准备吃饭。前苏联专家阿不拉莫夫和刘仁把俄得克（酒）拿出来，把皮芽子、酸黄瓜、马肠子、黑列巴摆在一张油布上，大家立即双手齐下，拿吃拿喝。紧张地吃过一阵子以后，一个个才打开话匣子。老崔说：这比宴会吃得还香。阿不拉莫夫说：这顿饭吃得很有意思。说完，一只手端起半茶杯俄得克，一只手拿一块黑列巴，仰头把酒一口喝完，赶紧用黑列巴堵住鼻子吸气，以消酒气。这个前苏联人喝酒的方法把大家都逗乐了。

早餐之后，天已大亮，本来应该休息一下，可大家谁也睡不着。于是立即出发，踏着冻得硬硬的厚雪去找黑油山第一口井位的坐标。这里是一片原始戈壁，梭梭柴丛生，雪地里印着一行行动物足迹。我们在戈壁上按地图跑了整整一个上午，终于找到了1号井井位的标记。我们高兴极了，又唱又跳，决定立即返回独山子。可是崔老三还拖着不走，他东看看，西瞧瞧，不知搞什么名堂，直到我们都上了车，他才慢腾腾地走来。问他在干什么？他卷着莫合烟边想边回答说：钻机搬家怎么走？重车上不来，设备怎么到井场？几台拖拉机合适？……嘿，这个崔老三，他已经计划安装黑油山下的第一座钻塔了。

初钻黑油山

井位确定了，上哪弄钻机？由哪个井队去打呢？钻井处党委委托我和青年团一起研究。我们决定从各井队抽调精兵强将组织一支青年钻井队去承担这一艰巨又光荣的任务。可是，队长选谁呢？我们比来比去，认定了陆铭宝能胜任。他忠厚老实，工作细致扎实，能团结各族职工，是个有文化、技术好的青年队长。

1955年开春，安装队在吾守尔队长的带领下进入黑油山地区安装第一座井架。6月初，钻井处和青年团召开动员大会。就这样，青年钻井队于6月15日进入了黑油山新探区。

6月下旬的一天，陆铭宝和钻井队员们来到井场，同安装队的同志们一起竖起井架。这天，两台β2-300柴油机轰鸣起来，唤醒了沉睡亿万年的原始戈壁，40米高的井架在柴油机的轰鸣中徐徐立起来了。大家围着井架尽情欢呼，一位维吾尔族工人攀上井架，把一面鲜艳的红旗插在钻塔的顶端。7月6日，开钻典礼在井场举行。地质师顾景林分析了黑油山地质概况，阐述了打第一口井的目的和预测情况；队长陆铭宝作了动员，到会的领导表示了祝贺。

那是一个令人难忘的日子。几分钟后，柴油机轰鸣，泥浆运转，中国年轻的石油工人把第一根钻杆插入黑油山的土地，拉开了开发克拉玛依油田的序幕。

大战冰塔

黑油山第一口井喷出原油，给石油工人以极大的鼓舞，也引起了中央的高度重视。12月中旬，石油工业部李聚奎部长带着各部门的负责同志和中外专家来到黑油山视察。当介绍我时，李聚奎风趣地说：你是黑油山的“山大王”啊！随即作了扩大钻探成果的指示，鼓励大家继续努力工作，找个大油田。地质工作者根据部长指示，在新疆石油公司和独山子矿务局的领导下，很快确定了黑油山2号井和4号井的井位。在1号井立了大功的陆铭宝钻井队乘胜追击，又接受了开钻2号井的任务。

12月，黑油山下白雪皑皑，天寒地冻，气温摄氏零下30多度。寒风凛冽的天气给工人们的生活、生产都造成了极大的威胁。工人们虽住进了地窖，但井场上却冷得厉害。一个功率很小的小锅炉根本保证不了机房、泵房和钻台上的温度，稍一疏忽，管线就会冻住。面对这种情况，决定重点保生产，各岗严格防冻制度，再冷也要打钻。但是由于地下情况不清楚，2号井钻到500～600米之间时，突然发生了水喷，防喷器还未来得及关，水柱已上了天车。几天后，40米高的井架和钻机被冻成一座高大的冰塔。公司和矿务局领导很快派来了阿斯达菲耶夫、潘年科夫斯基、李光征、王炳成、张毅、林祖胥等中苏专家处理事故。经过认真研究，抢险方案很快确定下来。

抢险战斗开始了，大家先用十字镐在人字梁下部的冰上挖一个大洞，人要从洞口钻到钻台上抢堵井口。洞口挖好后，可以看到喷势很急，大水柱比天车还高，抽得洞口更冷。和水柱一起喷出的硫化氢熏得人喘不过气来。抢堵开始后，陆铭宝全队人员分为3个突击小组，我和曹礼金也都参加到突击组里。战斗令一下，突击队员像小老虎一样向洞中冲去，但因喷势太大，未能堵上井口。同志们出来后个个浑身透湿，回到地窖都累得躺下来。我和曹礼金带上俄得克酒和梭梭柴去看望大家，同志们都很感动，要求第二天再战。

大家总结了第一天的教训，先将外面穿的羊皮袄、毡筒、皮帽子上洒上水，让外表结成一层薄冰，这样可以防止向里边渗水。同时也改进了抢堵方法。尽管这样，还是失败了，有的同志被硫化氢熏得晕过去。陆铭宝是被熏倒后经抢救才脱险的。就这样，熏倒了再爬起来，失败了再冲上去，直到第三天，才制服了那场井喷。

井喷制服后，下一步的工作就是搬走这座40米高的冰山。有的提出用枪射冰，有的说在井场周围埋上炸药，用爆炸来震掉井架上的冰。尽管对这些提议都做了试验，但还是都不理想，全队职工只好一点点地挖。最后，经过前苏联专家米哈依诺夫研究，从农七师增调了一批人来挖冰。这样挖了一个星期，井场上的冰也不见少，大家心急如焚。后来，增加了一些人，又经过一个多月的艰苦奋战，井架才抖掉了沉重的冰盔冰甲，以它独特的雄姿重现于人们面前。大家很快修复好机器，被坚冰围困了一个多月的2号井场又响起了浑厚、欢快的钻机声。

人心向往黑油山

第二口井又出油了。起初，日产量几十吨，使我们备受鼓舞。我们的认识也由此得到深化。原来，我们以为沿南黑油山—南小石油沟—深底沟长近20千米，只有这三个小构造，类型差不多。现在南黑油山已有两口井出油，这使我们钻探另两个构造的决心就更大了。于是，独山子矿务局与钻井处重新调整勘探布局，又抽调 4 部钻机上新区。

那年的二三月间，黑油山地区还是冰天雪地，马长高钻井队向西打 4 号井，李世顺钻井队向北打 7 号井，魏学义钻井队打第二个小石油沟 8 号井，依沙木提钻井队向第三个构造打深底沟 18 号井。钻井队伍很快占领了长达 20 千米的一字形阵地。

2 月的天气，晚上的实际气温在 –30℃左右。电报员每天都作详细的气象记录，及时汇报给局领导和钻井处。天气如此严寒，发动柴油机是很困难的。机器发动不了，立不起井架，全队工作都要停下来。面对奇寒，机械技术员裘福民急中生智，用两个油桶，焊上一寸闸门，安上胶皮管子，烧上一个大气压，用蒸气加温机器。结果，柴油机发动了，新上来的钻井队陆续开钻了。

4 月间，康世恩部长的助理带领一批部、局领导和专家来黑油山视察工作，分析了新老地质资料，对黑油山地区油气前景给予很好的评价。个别同志对刚完钻正在试油的 4 号井电测解释有怀疑，认为是水层。4 号井到底是油还是水？关系着统一认识问题，更重要是关系着整个勘探部署的决策问题。那天下午 4 点钟左右，4 号井呼呼啦啦出油了！我用井队的取样瓶灌满两瓶原油，很快离开井场，直奔独山子。

到独山子时，天已经黑了，康世恩正在忙着看地质图，分析地质资料。当两瓶黑乎乎的原油放在他面前时，他高兴得站起来兴奋地说：咳，果真是油层啊！他简要地问了一下出油情况后说：快把杜博民找来！不一会儿，杜总地质师和几位前苏联专家都来了，大家兴奋地把两瓶原油反复端详，用手摸，用鼻子闻，有的用纸蘸上原油烧，都异口同声地说：好油！好油！

晚上，在招待石油部领导和前苏联专家的宴会上，部领导和专家们都举杯祝贺黑油山勘探所取得的初步成果，分析展望前景，并指出储油区绝不只是黑油山这一块。与会的同志都互相勉励，共同祝愿在今后的勘探工作中取得更大成绩。在石油部领导的主持下，第二天，便举行黑油山探区新勘探方案的讨论。会上，有大干和小干两种意见。有的主张先把已上钻机的几个小山头拿下来，然后再大干。康世恩根据已证实的地质资料和大多数人的意见，作出了“撒大网，捕大鱼”，扩大钻探的决策。为实现这一重大战略决策，整个新疆石油公司都行动了起来，人人争取为本方案多作贡献。1956年5月1月，黑油山探区改名“克拉玛依勘探处”。为了加强领导，秦峰、只金耀等领导来到这里，兼任处领导，运输处魏鹏义带领运输队，基建处吕品带领建筑设计人员，刘锡田带领生活供应队伍相继而来……

几个钻井队快速钻进急需用水，当时便从玛纳斯河上游拉水，来回一趟需一天的时间，拉回一车水，才3立方米，怎能保证生活和生产的用水需要呢？对此，人事科科长赵思明、生活科科长杨彬等，自告奋勇，带水车到20千米外的深底沟等地去找水。他们把还没有融化的冰雪用车运到井场，保证了钻机的正常运行。

5月中旬，南小石油沟构造的8号井、深底沟构造的18号井相继完钻出油，南黑油山北边的7号井也出油了。这一振奋人心的喜讯，鼓舞启发了领导和地质工作者，经过认真讨论，一致认为：这3个构造不应是各自孤立的，决定在中间打几口联络井看是否连片。地质师吴华元和测量技术员田永寿迅速定出南黑油山与南小石油沟之间的联络井——3号井、南小石油沟与深底沟之间的联络井——12号井先后开钻，大家都满怀信心地期待着。

各个构造的几口油井出油后，自治区领导对黑油山地区的勘探工作非常重视。5月中旬，自治区派来以商业厅厅长高燕先为团长的8位厅、局级干部和民族歌舞团组成的慰问团来到探区，他们深入机关、井场，对广大职工进行亲切热情的慰问。

“黑油山大街”的苦与乐

会战初期，还有一个困难就是没有住房。井队在独山子时都住在有暖气的房子里，可到黑油山就不同了，除了几顶帐篷和几个木制活动房子外，其余全是地窖。夏天虽然炎热，还较好过，一到冬天，特别是在夜间摄氏零下40度时，那就冻得够呛。指挥部机关和电台设在一个约10平方米的活动木房内，2张床、1部电话、1个炉子就全占满了。上半夜，炉子烧得热，到后半夜，越睡越冷，冻得缩成一团，都当上了“团长”。天亮一看，装有铁板和螺钉的地方都结成了冰。住地窖的同志稍好些，夜里有人值班烧火，每个人还要在被子上压上重重的老羊皮，足有十几斤重。1956年初，探区上人较多，来不及准备地窖，有的同志就找个避风的小水沟，两头一堵，上边篷上帆布过夜。那时，黑油山周围到处都可以看到木制活动房，帐篷、地窝子、半地窖、窝棚。有个新来的司机开着车在黑油山周围转圈，当别人问他要找什么的时候，他说：要找黑油山大街，大家哄堂大笑：你早已从大街上过来了。后来，生产建设兵团支援建房子的工三团、水工团上来了，他们用戈壁滩的土打土坯盖起土木结构的房子。由于自治区领导的关怀和兵团领导的支持及建房部队的努力，到入冬时节，多数同志都搬进了新房。由于井越打越远，乌尔禾、百口泉、白碱滩、小拐、红山嘴等新探区相继开钻，钻井工人们仍要住半地窖、帐篷。

戈壁沙漠，荒无人烟，大风骤起，飞沙走石，确实使不少同志感到恐惧。5月间，一批上海姑娘支援油田建设来到黑油山，开始都想家，后来她们逐渐被各族石油工人的革命精神所感染，慢慢克服了怕苦的思想。有一次，几个上海姑娘到60～70千米外的深底沟去野游，一定要在小河边树阴处照相，她们把这有水有树的照片寄回上海，希望父母放心。

那时，一个井队，甚至是一个探区，没有一台收音机，文娱活动用品更少。茫茫荒滩，除了上班以外，再没有地方去玩。多民族的队伍，生活习惯各异，整天待着，实在寂寞。于是，党委和工会经常组织大家唱歌、讲故事、说笑话，活跃生活气氛。在过新年的时候，独山子矿区派钻井处工会主席依明带着电影放映机来到钻区，要为大家放电影。各族职工闻讯后，高兴地集中在一个较大的地窖里，又说又唱，直乐到半夜。由于电测车的小发动机因天气冷发动不起来，电影也未放成。

独山子矿区人民银行派了一个人到黑油山，本来是只办储蓄业务。他和大家吃住在一起，被工人们日夜辛勤的劳动所感染，除办银行业务外，不定期代卖邮票、传递信件，又在井场办起小商店代销处，深受同志们的欢迎。

艰苦的岁月是短暂的，革命业绩将永存于世。克拉玛依的发现、发展，渗透着无数石油职工的汗水。一望无际的戈壁滩上，到处留下了他们的笑声和歌声。

1956年7 ~ 8月，一批探井和联络井，除少数扩边井外，无一落空，都已相继出油，形势非常喜人。对此，《人民日报》发表社论，号召全国人民支援这个新油区。张云清钻井队、独山子大中钻机相继来到探区。9月1日成立了克拉玛依矿务局，钻井处、试采处、运输站、机房、水电、基建等厂、处都建立起来了。按照新的勘探方案，除在克拉玛依矿区内继续扩探含油面积外，几十个大型钻机陆续由车排子第一个剖面起到乌尔禾、玛纳斯湖北止，在12条大剖面上摆开。一场大规模的石油勘探开始了。可是，摆在150千米长、30千米宽的五个探区上的几十台钻机，大量基本建设任务，1万多人所需要的生产和生活用品，确实是亟待解决的问题。在这种情况下，新疆石油管理局运输处以及石油部长途运输公司部分车队等都为了支援新区，发扬了不怕苦、不怕累、全心全意保一线的精神，积极输送各种物资，保证了各项生产任务的顺利完成。

如今回忆起来，开辟新油区的队伍虽然来自四面八方，共同特点却是服从命令，听指挥，指到哪里，打到哪里，不怕苦，不怕累，积极主动，团结协作。9月初，一场未预料到的大风刮来了，沙丘搬了家，戈壁滩被刮出一条一条的沟，飞沙走石，工人们在钻台上站不住，趴在刹把上也不离开岗位。柴油机工虽能去值班房躲一下，但再想去机房就无法出门。有的机工为了保护柴油机，硬是从地上爬到机房去坚守岗位。一个井架安装队正在白碱滩工作，全队人被大风刮得乱打转，顺风跑出30多千米，直到第二天才找回来。红山嘴、小拐的帐篷全部刮坏了，十几个钻井队吃没吃的，住没住的，但没有一个人叫苦。到这一年底为止，几百平方千米的大油田有了雏形，试采中为国家贡献了1万多吨原油。

1957年，克拉玛依大规模的勘探仍在继续进行，油田开发也同时开始了。新中国的第一个大油田——克拉玛依油田迅速发展起来。

△作者曾任克拉玛依矿务局钻井处处长。1982年写于海洋石油勘探局。

早期的采油二厂

赵　敏　供稿

六十多年前，在准噶尔盆地的西北边缘，有一片一望无际的戈壁碱滩，被人们称为白碱滩。

1956年7月，一支勘探队伍来到这片土地上，他们立起了高高的井架，启动了钻机，轰隆轰隆的钻机声震撼着这片土地，划破了戈壁的寂静。同年10月19日，在这块土地上，第一口油井65号井出油了。人们为之欢呼雀跃，欢快的气氛传遍了这块土地。随即，大批钻机和人员进驻了这个地方。

两年后的一天，一支27人的队伍来到这里，他们是采油二厂的先期创业者。他们来到这里接管油井，进行油井管理。他们要用自己的力量，用自己的智慧，在这里开采石油。他们来到这里，就是要扎根在这块土地上，安家立业，把根留住，把情留住，命运注定了他们要把青春和热血奉献给这块土地。就是这支27人的队伍，他们要在这里开采希望，创造未来。

同年10月，克拉玛依矿务局在这块土地上成立了采油二队，又被人们称之为白碱滩采油队。

管理好油井，使油井稳产、高产是他们的义务和责任。每天给油井清蜡，是他们必不可少的一项工作。油田生产初期，油井清蜡使用的是手摇清蜡绞车，由于清蜡绞车的数量很少，往往给一口井清完蜡，还要把沉重的清蜡绞车抬到另一口井上清蜡。投产的新井一多，就 3 个人一台清蜡绞车，一天要清八九口油井的蜡，行程近 30 公里。寒冷的冬季，冰天雪地，有时为了保证清蜡安全，职工们在零下 30℃ ~ 40℃的低温天气里，脱掉手套，光着手摸冰冷的钢丝，检查有无砂眼。

仅用了 2 年的时间，采油二队所管辖的白碱滩油区一跃成为克拉玛依油田的主力区块，其原油产量占据了整个新疆油田原油产量的一半以上。

在我国遭遇三年困难时期，白碱滩油区生活物资供应不足，职工们吃不饱，又缺乏营养，加上劳动强度太大，许多职工都得了浮肿病，有的职工常常累倒在井上。但是就在这样异常艰苦的条件下，广大采油职工仍然顽强地工作着，走过了艰难的创业历程，付出了超乎寻常的努力和艰辛，为新中国的石油工业，为采油二厂的发展，一步一个脚印地往前走着。

这是个英雄的群体，他们以坚韧不拔的意志与常人难以想象的毅力与艰苦环境拼争，奋力地争取，无私地奉献，筑成了不断奋发向前的集体。不论是这个群体的本身，还是他们其中的一分子，都在不停地迸发出耀眼而光彩的星点。这个群体中有许许多多这样的人，没有惊天动地的事迹，又没有显赫的名声，但他们都以辛勤的劳动默默奉献着自己的一切，在这个戈壁碱滩上，创造发展着采油二厂，因为他们共有一颗热爱采油二厂、竭力奉献的赤诚之心。

王希安是一个普普通通的工人，他 1959 年 5 月来到白碱滩采油二大队当锅炉工。1959 年冬天，采油二大队成立保温队，在 150 多人中只有十来个人懂锅炉操作和修理技术。王希安日夜忙碌，废寝忘食，不辞劳苦地手把手教徒弟，倾注全力地传授技术，仅二十天就使全部新手学会了独立操作。当时全队的 10 台锅炉，哪里出现故障或技术问题，都找王希安去解决，他总是有求必应，带头苦干，辛勤操劳。为了工作和采油二厂的发展，他置家庭和妻子儿女不顾。1960 年妻子儿女来克拉玛依探亲，他却常常在单位加班干活儿；妻子儿女回甘肃老家，他顾不上送行；1964 年妻子临产时，他只是让其他妇女去代为看护，为了解决锅炉运行中出现的故障，保证锅炉房正常运转，自己决不耽误一天工作。当时锅炉房还兼着收油任务，把散落的原油收集起来送往集油站。王希安总是满身油泥，抢着干脏活儿累活儿，哪里有突击活儿，准有王希安的身影。加班或替班工作，成了王希安的分内事。有人说他是个闲不住的“傻老冒”，他憨笑着照常干那些费工吃力的分外活儿，仍然坚守工作岗位，使锅炉房保证正常运行。

陶友胜是采油二厂一名普通的采油工。1960 年 3 月，陶友胜从部队转业来到白碱滩采油二大队，当上了一名采油工。他把部队上的光荣传统带到了油田上，带到了工作岗位上。在工作中他虚心好学，努力钻研，很快就成了一名技术能手，成为采油站站长。当时白碱滩油区的工作和生活都异常艰苦，但他却在工作中有股豁出命来的吃苦劲头。“爱井如家，爱井如命”这是职工们对他的评价。为取全、取准第一手资料，陶友胜经常忍饥挨饿，十几个小时守候在井上，有时一天一夜不下井场。严冬之时，寒冷的戈壁滴水成冰，他顶着刺骨寒风，披着鹅毛大雪，不分昼夜地工作在井场，有时为了取准一个数据，陶友胜步行十几公里往返于井上。20 世纪 60 年代，在国家遭受三年困难时期，由于粮食供应严重不足，因缺少营养，陶友胜和一些职工一样，得了严重的浮肿病，但陶友胜仍然带病坚持上井工作，精心管理好油井，认真分析油井生产规律。一次，陶友胜在井上干活儿时，由于长期的劳累，加上病体虚弱，陶友胜竟昏倒在井场上。同志们把他送到宿舍，下午他又来到井上，照常工作。当时在陶友胜所管辖的计量站里有一口 5008 井，为了取准资料，陶友胜连续几天守候在井上，通过对油井动态资料和静态资料的反复对比，发现这口井按地下情况计划到另一个井组，经过调整以后，取得了很好的效果。在陶友胜的带动下，在职工中开展油井分析成了一股热潮。忘我地工作，刻苦地学习研究，使陶友胜成为克拉玛依油田的油水井分析能手和采油技术标兵，成为全厂乃至全局职工学习的榜样。陶友胜带领的采油站，1960 ~ 964 年连续 5 年被评为新疆石油管理局“五好班组”。

杜法贺是采油二厂测井队测井一班的班长。有一次，采油四队 355 井刚下过复压自动停车线，因井口圈垫坏了，即刻发生了强烈的井喷。这天杜法贺正在队上休息，他一听到紧急电话，就急了，连衣服也没换，就赶赴现场。这时油井喷势很大，强烈的油气喷口正对准绞车，60 多个压力的高压油气流直刺绞车，刺得绞车呼呼直响，满井场雾气腾腾，5 步远就看不清人。杜法贺当时全然没有考虑自己的安危，只有一个念头：坚决保住油井。他毫不犹豫地冲上去抓起摇把同采油四队的同志们一起拼命摇绞车，浓烈的天然气呛得人喘不过气来，每人摇 2 分钟绞车，就跑出井场换一口气。但杜法贺都没有离开过一次岗位，一个劲儿地摇，原油湿透了他全身衣服，刺鼻的油气呛得他憋青了脸，但他坚持，再坚持，压力计终被提入防喷管，杜法贺丢下摇把，冲上井口，关死了闸门。一场恶性事故解除了。

正是由于无数个像他们这样的一群人、一批人，使采油二厂在挫折中，在严重的困难时期，勇敢坚定地走过来，排除了各种困难，不断地朝前走去，又迎接着一个又一个新的胜利。正是由于采油二厂的迅速发展，才感召着一批又一批来自祖国各地的儿女，络绎不绝，来到这块土地上，满怀着激情和希望，默默地扎根在这无垠的戈壁碱滩上。

采油二厂的第一代石油工人就是在这样艰苦的环境下，用自己的脊梁支撑起采油二厂的未来，支撑着白碱滩油区的未来。在以后的年代里，他们的举动，他们的行为，将作为一种精神被保存下来并流传下去。

在60年代中期，采油二厂的主力油田七区和八区的部分区块投产，采油二厂的原油产量又有大幅度的上升。采油二厂的各族职工仍然以高度的责任感和使命感坚持生产，连续打了“七区调整”“八区开发”和“战六区上六千”等几个硬仗，原油产量以每年11%的速度递增，使原油总产量增长了近两倍。

党的十一届三中全会的春风使采油二厂青春焕发，长期聚集的能量一下喷发出来。1978年，全厂原油年产量突破200万吨大关，跻身于全国十大采油厂之列，成为西北地区最大的采油厂。在此后，相当长的一个时期内，采油二厂逐步完善了油田基础设施，并通过挖潜增储等措施，保持了油田高效稳产，使原油年产量在1987年达到266万吨，创下了历史最高水平，并创下了连续17年年产原油200万吨以上的佳绩，为新疆石油工业和经济的发展做出了巨大的贡献。

△作者现任采油二厂企业文化科（工会办公室）主管。本文选自采油二厂《管理文化园地》。

采油三厂的开发建设

李江波　供稿

艰苦创业开发建设初期（1960 ~ 1965 年）

采油三厂成立于 1960 年 11 月 8 日，与采油一厂、采油二厂是伴随着克拉玛依油田的发现和开发建设而同步诞生的，是原新疆石油管理局成立最早的采油厂之一。

建厂初期，采油三厂主要负责采油开发生产、输油、修井等生产任务，第一任厂长田丕儒，党委书记李志伟。1962 年 4 月 1 日，克拉玛依矿务局油田处撤销下设的注水大队，将其管理的注水井、配水间、注水站，按照油田区域相应划归采油一、二、三厂。划归采油三厂的是五一注水站（104 注水站）、六一注水站（103 注水站）和 33 口注水井。

采油三厂成立初期，全厂职工总数 999 人，正处于克拉玛依油田发展的调整时期，油田面临着经济困难和“两降一升”（地层压力下降、单井产量下降、气油比上升）的“两难”局面，产、供、输能力十分薄弱，职工生活物质基础极其匮乏。面对困难和挑战，采油三厂各族职工团结一心，卧薪尝胆，发扬“有条件要上，没有条件创造条件也要上”

的自力更生精神，挖地窨，搭帐篷，“粮食不足瓜菜代，勒紧腰带干革命”，克服气候恶劣、条件艰苦等困难，学习大庆精神，将“三老四严”（当老实人、说老实话、做老实事；严格的要求、严密的组织、严肃的态度、严明的纪律）、“四个一样”（干工作要做到白天和黑天一个样，坏天气和好天气一个样、领导不在场和领导在场一个样、没有人检查和有人检查一个样）、“三个面向”（领导和领导机关要面向生产、面向基层、面向群众）、“五到现场”（生产指挥到现场、政治工作到现场，材料供应到现场、科研设计到现场、生活服务到现场）的工作作风落实到生产管理工作中，建立健全岗位责任制，广泛开展大练兵大比武和技术革新活动。

为贯彻落实石油工业部扭转“两降一升”的工作指示，按照管理局的统一部署，系统地对油田地质构造、地下油气水分布、开发动态进行研究，重新认识油层，核实含油面积和储量，组织地质技术人员，分析油井产量，管好油井。1965年基本完成一区油田全面调整工作，扭转了“两降一升”的被动局面，油田步入合理开采，在没有增加新开发区的情况下，全厂原油生产能力提升到30万吨以上，年生产原油31.06万吨，占当时克拉玛依油田产量的三分之一，达到全面调整的目标。随着生产的发展，职工队伍不断壮大，1965年末，全厂职工达1748人，机关科室15个，基层单位34个。

创业时期，职工一心一意搞生产，对艰苦环境和吃住行从无怨言。采油三厂在积极开展劳动竞赛抓生产的同时，想方设法为职工解决生活困难。1961年12月，采油三厂以掌握操作规程，提高技术熟练程度为中心内容，以保证冬季安全生产为目的，发动群众广泛开展技术练兵活动。全厂新建成的热风吹土法保温炉有32个。由于狠抓了防冻保温工作，入冬后从未发生过输油管冻结的事故，从而对完成和超额完成生产任务起到了保证作用，稳定了油井生产水平。1965年7月，采油三厂生活战线在所属的食堂开展了比过硬、摆过硬、练过硬活动。不断组织各种比赛，提高炊事人员的技术水平。很多人在蒸馒头、压面、打菜、切菜、切肉、包饺子等方面，都创造了新纪录。炊事员包相宝原来是在切菜组，搞主食搞不好，他就主动向师父学发面对碱，结果很快掌握了做馒头的技术。

1961 年 1 月，采油标兵克拉玛依三大队七小队荣获矿区党委嘉奖青年标兵采油队红旗。

1961 年 1 月，采油标兵克拉玛依三大队七小队荣获矿区党委嘉奖青年标兵采油队红旗。

排除干扰全面稳步发展（1966 ~ 1976 年）

“文化大革命”开始后，油田生产、生活秩序受到干扰。原油生产从 1967 年 7 月底开始减产，至 11 月全厂开井数已由 350 口降为 116 口，日产水平由 930 吨降为 310 吨。月产油量由 2.8 万吨降至 9498 吨。与此同时，国家能源供应非常紧张，上级一再要求采油厂增加石油生产，油田开发工作只能在艰难的条件下进行。在特殊的年代，采油三厂各族职工为了确保原油上产的需要，在新区开发尚未具备条件的情况下，1967 ~ 1969 年，重点抓好老区的管理，开展群众性油田挖潜等生产活动，以“六分四清”（分层注水、分层采油、分层测试、分层改造、分层研究、分层管理；分层压力清、分层产量清、分层注水量清、分层出水情况清）为主要内容的科学管理油田的工作，石油职工坚守工作岗位，坚持和发展生产，开展了一个又一个生产会战，坚持用科学的方法开发和管理油田。

1970 年 3 月，根据石油部对新疆石油管理局提出的“四五”期间要加快克拉玛依油田开发的要求，1971 年管理局开展“260”大会战（即年产原油 260 万吨），1971 年 9 月和 12 月，相继开发了三 3 区和三 4 区的克下组。1976 年 10 月，三 2 区的克上和克下组又投入开发。至此，克—乌大断裂以北所属各区块均已全面投入开发。1976 年全厂生产原油 53.6 万吨，为 1965 年原油产量的 1.8 倍。在投入开发的区块中，根据各个区块的地质特点及原油物性，采用不同的开采方式和不同的采油工艺技术，实现了稳产 3 年再行调整的目标。

随着新的区块投入开发，原油产量不断增长的需要，1970 ~ 1976 年，对油田地面工程及配套采油工艺设施逐步建立完善，其中新建 302、303 注水站 2 座，三 2 区、三 3 区、三 4 区集油站 3 座。为解决长距离原油集输的困难，建立转油站 3 座，新建计量站和注采联合站 73 座，增设和大修油水井管线 65.5 千米，集油和注水干线 74.15 千米。为提高油田注水能力，更换高压注水泵 6 台，全厂日注水量由 1975 年的 3000 立方米提高到 8000 立方米以上，保证了油田注采平衡，为油田稳产奠定了可靠的基础。

这期间，油田职工生活后勤保障能力相对不足，职工生活十分艰苦，蔬菜要到 100 公里以外的生产建设兵团农场去拉运。采油三厂在抓紧原油生产的同时，大办农副业，开荒种地，先后开辟了乌尔禾、霍城农场、百口泉农场、新农场，开垦土地 2000 多亩，年产各种蔬菜、粮食 800 吨，缓解了职工生活物资供应的紧张状况。为解决职工家属住房问题，厂区动员职工自己动手打土块、挖地窖、盖地窝子。1966 年，厂部地区第一批土木结构的简易平房竣工投入使用，迈开了采油三厂厂区建设的第一步。

开拓前进全面发展新阶段（1977 ~ 1989 年）

1978 年 12 月迎来了党的十一届三中全会的召开，采油三厂各方面进入了新阶段。1979 年全厂有 10 个党总支，53 个党支部，党员 551 人。1979 年 4 月到 1980 年 6 月，管理局及所属单位全部取消了“革命委员会”体制和名称，恢复了原来生产建制名称和党委领导下的厂长负责制。1981 年 3 月以后，五 2 西区和五 2 东区相继投入开发。至 1982 年底，采油三厂所辖油田的开发范围已从克—乌大断裂以北，扩展到克—乌大断裂以南的五区，油田已开发面积已从 1978 年前的 59.39 平方千米，扩大为 76.1 平方千米。原油日产水平由 1683 吨，上升为 2153 吨，年产油量由 67.3 万吨，增至 78.59 万吨。1982 年发现克—乌大断裂以北的一区、三区的石炭系很可能是一个具有工业价值的新的油藏，为我厂开发石炭系揭开了序幕。

1982年起，逐步建立和完善了各种形式的经济承包责任制、项目管理制。1986年，中共中央颁布《关于经济体制改革的决定》，采油三厂作为管理局首批改革试点单位，开始试行厂长负责制，实施承包经营责任制，把责、权、利落实到单位和个人，对农业、特种车辆、工程等项目实行单项承包，确立“以原油生产为中心，双文明（物质文明、精神文明）建设为目标，提高经济效益为目的”的改革方针，采油三厂三届四次职代会通过了《全面实行经济责任制的决定》，在测定各项工作的工时定额基础上全面推广了浮动工资制，初步建立岗位竞争机制，实行干部聘用制，极大地调动了广大职工的主动性、积极性和创造性。

1988年，采油三厂贯彻中共中央、国务院《全民所有制工业企业厂长工作条例》《中国共产党全民所有制工业企业基层组织工作条例》和《全民所有制工业企业职工代表大会条例》的实施细则。建立“厂长统一领导，党委保证监督，职工民主管理”的领导体制；1989年以后，逐步形成“充分发挥党组织的政治核心作用，坚持和完善厂长负责制，全心全意依靠工人阶级”的领导体制。经济体制改革促使采油三厂解放思想，加快油藏研究和滚动勘探步伐。

△此文由现任新疆油田公司采气一厂厂长（党委）办公室副主任李江波提供，选自《采气一厂志》。

艰苦创业精神应发扬光大

段振廷

1971 年 8 月，我正在乌鲁木齐 711 工地（乌石化的前身）劳动，接到通知，要我在第二天到克拉玛依炼油厂报到，我急忙找拉货的卡车，扛上行李就出发，几经换车，按时到了克拉玛依。报到后，才知道让我担任克炼厂革委会副主任，主管生产工作。革委会主任兼党委书记是当时的驻厂军代表。虽然我只干了两年，但克炼厂艰苦创业的精神给我印象非常深刻，终生难忘。

当时的克炼厂，只有一套 15 万吨 / 年加工能力的常减压蒸馏装置和一套小型的糠醛、白土精制装置，还有几个沥青釜，都是 20 世纪四五十年代的落伍工艺。

较高一点的炼塔，连框架也没有，用 4 根钢丝绳向四面绷着；很少有高效的换热器，大多使用的是水浸式冷却；加热炉是斜顶式的，热效率很低；全厂管道没有管架，都在地上趴着。防腐、保温是临时性的，厂区（里）没有围墙，没有一条铺好的道路。

劳动组织也很简单，基本上没有正规的检修力量和建设队伍。炼厂操作工不但负责炼油生产的操作，还要负责本装置的防腐保温和一般维修工作。加热炉的耐火砖都是炼油操作工自己砌，自己挂，连蛭石保温瓦都是操作工自己打。至于清洗油罐和污水池，以及扫厕所、掏大粪等辅助工作也都是操作工和机关干部承担。

生活方面更是艰苦，住的是简易房子，由职工家属打土块砌墙，用苇把子盖屋顶，上面抹一层泥巴就是住宅。冬季取暖，平时做饭都是烧炉子，引火柴也由职工到戈壁滩上打梭梭柴，到冬季为了保温，用土块把窗户砌起来，只留二三十厘米的缝透光。

职工食堂没有专职炊事人员，由职工轮流担任。餐厅兼大会议室没有桌凳，职工都要打上饭、菜，蹲在地上吃。餐厅的地面是用砖和沙子铺的，没有抹水泥。餐厅开大会，台下的人就随手抓起砖头当凳子，会后整个餐厅地面上散乱堆着砖块和沙子，会后我经常组织机关干部对地面重新平整。

好在当时的领导和职工没有多少差别，如副主任（副厂长）杨林山是一位老红军，一样拿着碗和大家一起排队买饭，蹲在地上吃。

在那样简陋、艰苦的条件下，克炼厂的经济效益并不差。克拉玛依炼油厂建厂初衷，一是提供油田自用成品油。二是加工克拉玛依油田特有的低凝点原油，生产高级润滑油。特低凝原油含蜡很少，蒸馏后其馏分经糠醛、白土精制，再加相应的添加剂就成为优质的 –45 号变压器油和优质的柴油机油及汽油机油，还可以生产优质的沥青。因其流程短、人员少、成本低，加工每吨原油的利润率相当高，全国同类企业无法相比。

我当时年轻气盛，虽然艰苦，条件很差，但看到得天独厚的低凝原油宝贵资源，萌发了一种雄心壮志，想对克炼厂进行大规模的改造、扩建，建成一座以生产高级润滑油和优质特种沥青为主要产品的正规的相当规模的现代化炼油厂。曾经有一个设想蓝图，和几个同志交换过意见，直到“四人帮”被粉碎，“文化大革命”结束，经过拨乱反正，克炼厂建立了新的领导班子，特别是改革开放以后，可以放手大干了。

1980年，我担任新疆石油管理局副局长后主管炼油工作，和局炼油总工程师刘志泉一道配合克炼的新领导班子，调去了国家级的十一化建公司，正规炼化建设队伍，在局领导的支持下，规划建设250万吨/年蒸馏装置和50万吨/年提升管催化裂化装置，改造、扩建润滑油、沥青、焦化等装置。经过基层领导班子和几代职工的艰苦创业，一座相当规模具有特色的现代化炼油化工企业矗立在克拉玛依油田之中，为中国特色社会主义建设不断做出新的贡献。

现在的克拉玛依石化公司与30多年前的克炼厂是不能同日而语的。但是，我认为克炼艰苦创业的精神，应当永远发扬光大。

△作者曾任克拉玛依炼油厂副厂长、自治区经贸委主任。由于患有帕金森氏综合征，段老右手不停颤抖，于2008年9月12日用左手写于乌鲁木齐。

中国第一条长输管道

张　英

自1953年北京石油学院成立之日起，我就讲授输油管这门课。输油管是储运专业最大的课。然而，由于当时国内还没有这种管线，只好纸上谈兵。学生实习，便去自来水厂。

1957年，石油部决定修建新疆克拉玛依—独山子的输油管线，我们日夜盼望的这一天终于到来了。经过联系，1958年，储运专业的学子们有幸作为毕业实习，参加了该管线的建设。

前往新疆之前，我先到负责设计该管线的石油部勘察设计院了解情况。项目负责人熊庆云把我介绍给前苏联专家戚其涅。因为该院没有做过长距离管线设计，这条管线是在这位专家指导下进行的。戚其涅讲述了管线设计的概况。把已完成的部分拿给我看。令我惊讶的是，设计中把大气温度用到土壤温度的公式中去。问他是否有误时，他回答，是从手册中来的。我只得向他解释管线散热的过程，大气温度和土壤温度的计算各有不同的公式。当我指出错误所在之后，他才同意加以修改，从而节约了不少能源。当时，我同这位前苏联专家初步接触，对他能否搞好设计，尽管心存疑虑，也只能藏在肚子里。

石油学院参加管道建设的人员由我带队。除毕业班学生外，还有3

名助教，于 1958 年四五月间陆续到达新疆。施工任务是由玉门油建一大队承担的，他们去了 100 多人，工种齐全，有不少老工人，崔海天任大队长。队部距油田 9 公里，有一圈土坯房子和地窖，是办公和居住地。

克—独管线全长 147 公里。我到达现场时，工程已经开工，管线焊接完成了约 10 公里。我看了图纸和设计书，觉得问题不少。怎么办？还得从调查研究入手。油管线路已经测量过，每隔 100 米打了个小木桩，作为管线中心标志。我和施工队的技术员及顾迪成等 3 位同学，用了 3 天时间，数着中心桩，冒雨走完全程。

线路大部分在戈壁滩上，直线走向没有问题。但在设计中却存在一个严重问题，也可以说，是一个严重错误，即设计要求两泵站之间管线要保持一致坡度，于是在某些地段要深挖五六米，而有些地段的管线又要露出地面。在已焊接完成的十来公里管线上，就碰到过上述情况。我想，这位专家大概是搞下水道的，没有搞过输油管。施工中，工程队同志对深挖十分恼火。如挖宽了，管线下沟有困难。挖窄了，沟底工作的工人面临沟壁坍塌，有被埋的危险。我向油田负责工程建设的基建处和现场施工队的同志们解释，说明管子埋在地下一定深度是为了保护管线，对加热管线还起保温作用。世界上所有油气管除非有特殊原因，都是随地形起伏等深度铺设的，压力管线没有保持坡度一致的必要。于是，建议以后管沟一律挖深两米，不但省工省时，还能用挖沟机机械化施工。结果，甲乙双方都同意并采纳了我的建议。

设计中的另一个重要问题是：管子采用 A3D159 × 7 毫米无缝管，工作压力在 100 公斤 / 平方厘米以上，油泵用缸套改装过的 Y8—3 泥浆泵，柴油机是 VD—250 型。如此大的联合工作能力，大大超过了设计规定的 40 公斤 / 平方厘米的压力和年输油 40 万吨所需要的能力。更不合理的是，设计了四个泵站，最后的一个泵站只发挥 20 公斤 / 平方厘米的压力。可以说，只有三个半站在起作用。经过计算，我认为可去掉一个泵站，把工作压力提高到60公斤/平方厘米，年输油量可达60万吨。如果按我的意见办，就要对原设计做比较大的改动，只好向新疆石油局张文彬局长汇报，最终得到他的同意。

设计中的错误是显而易见的，决不能继续按原设计施工。我既然参与了这项工作，有错误就应该加以纠正，即使有反前苏联专家之嫌，心里也是坦然的，油田基建处把修改设计的任务交给了我。由我和学校来的严大凡等组成3人小组，对设计作了全面研究，并委托油田再次测试原油黏度，进行核算，重新确定站址，做出减少一个泵站、增加输油量50%的工艺设计，并对泵站设计作了部分修改。

因为这是我国第一条长输管线，缺乏实践经验，在我们修改设计中，有许多地方是套用前苏联规范，实施起来确有不少困难。施工中，几名教师分别配合各施工队当技术员，各管一部分技术工作，我成了全面技术负责人。由于崔海天队长的信任与支持，工作基本是顺利的。

施工遇到的第一个大问题是焊接质量。在一次焊接竞赛中，有个老焊工奋战一夜焊了二十多个点，速度真够快的。但一试水，有一半以上的焊口漏水，原因是最底部有一点根本没有粘上。这一情况引起我的警觉，便向崔海天提出，按规范检查焊口的意见，得到了他的支持。在施工中，焊工都有在自己的焊口作标记的习惯。我们便从那位焊工以前焊过的焊口取了几个样，到油田去作拉力和弯曲试验，也发现有不合格的。为了确保工程质量，我们按规定把他完成的二十多公里管线上的所有焊口全部割掉，并停止他的工作，要他重新练习，经过考试合格后再正式工作。当时，能够这样做是很不容易的。一是要把埋了5米多深的土重新挖掉，再把管线全部吊出地面，找出他焊的管口，割掉重焊；二是停止一位老焊工的工作，本人思想不通也不好办。大队领导确实下决心这样做了。也就是从那时起，在我国油田建设上建立了管道焊接质量检查制度。

第二个大问题是沥青防腐层。原设计为沥青加高岭土。西北地区哪里有高岭土，谁也不知道，但又必须就地取材。结果决定用独山子炼油厂的沥青和玉门的填充料，由施工队技术人员、工人和学校教师对配方比例、熬制温度反复试验，每批试制品都送到炼厂测定性能指标，切实保证达到规范要求。对施工质量如防腐层厚度和黏结力，都随时进行严格检查。后来使用情况证明，这“第一条输油管”的防腐质量不错，经住了时间的考验。几年后和这条管线平行建造了同样口径的又一条管线，因严重腐蚀，早已拆除，而这条管线现仍在运行中。

因新学年即将开始，教师和同学们于 8 月间返校，我留下继续工作，11 月才回到学校。这时，油田又要求提高管道输油量。我采取最简单的办法，在管道上加了 3 个站，成为 6 个泵站，仍旧用 Y8—3 泵，柴油机用油田现有前苏联制的 B2—300。油田希望年输 100 万吨，但

1959 年 1 月 10 日，中国第一条长距离输油管线克拉玛依到独山子间的输油管线建成并开始输油。管线全长 147 公里。这是当年挖沟机在挖掘铺设输油管的壕沟。

由于上海制 VD—250 柴油机不能在其功率下长期持续工作，只好以 80 公斤 / 平方厘米的压力使年输油能力达到 80 万吨。

这条管线的建成，经历了两次改变。第一次把原设计的管线改成随地形铺设省了近百万元投资；第二次增加 3 个泵站，比原设计多了 2 个，投资比原设计略高一些，但输油量为原设计的 2 倍。

1959 年 3 月，我再次去克拉玛依参加克—独管道投产，结果一次试输成功。

△作者张英，石油储运工程专家，我国油气集输工程学科奠基人。曾先后兼任北京石油学院油田建设系、储运教研室和机械研究室主任，石油工业部规划设计总院工程师、中国海洋石油总公司高级顾问等职。原文来自《中国石油工业艰难创业》第三集，石油工业出版社，1994 年 12 月版。

克拉玛依电厂初期的建设和发展步伐

何 琴 供稿

新疆石油管理局克拉玛依矿务区水电站于 1956 年 10 月 1 日成立，迄今已 9 年了。9 年来随着油田建设的发展，电厂一直在不断地壮大和发展。

1956 年水电站刚成立时，只有 20 人，生产能力 100kW，发电机只有 50kW，没有厂房，同志们搭起帐篷，在十分简陋的条件下发出了电，供给油田建设需要。1958 年 5 月 1 日，克拉玛依矿务区水电站改称为新疆石油管理局克拉玛依矿务区水电厂，职工人数增加到 239 人，生产能力上升为 1910kW，比 1956 年增加 19 倍；发电机容量达到 265kW，比 1956 年增加 5.3 倍。这时已先后建成了 4 个电站：中心电站、黑油山电站、油区电站、临时电站。特别是中心电站的投产，对满足油田用电起了决定性作用。1961 年，汽轮发电机组投入了生产，它的投产将以柴油机为主的发电形式，转变为以热机为主的发电形式，在电业生产由小到大，由不完善到比较完善的发展过程中引起了一个质的变化。这时全厂已有 761 人，生产能力增加到 6306kW，比 1956 年增加 63 倍，发电机容量达 1500kW，比 1956 年增大 30 倍。

1964 年 7 月 1 日，水电厂水、电分开管理，新疆石油管理局克拉玛依电厂正式成立，共有职工 623 人。同年，6000kW 机组投入生产，电厂电业生产的发展进入了一个新的阶段，生产能力增加到 12280kW，比 1956 年增加 122.8 倍，发电机容量比 1956 年增大 120 倍。

随着发电设备的增加和油田建设的发展，供电电网也飞快地扩大了。1957 年只有 80 公里，现在已达到 190 多公里，而且建成了长达 18 多公里的 35 千伏线路。现在的电厂，不再是一个“小孩子”了，而是一个在多方面比较成熟的“大人”了，在完成生产指标方面，在供电的可靠性方面，在自动化以及管理的经济性方面，都已进入到一个新的阶段。

这些成绩的取得，是在管理局党政的关怀和领导下，在自治区重工业厅业务指导和兄弟单位的积极支援下，全厂职工高举毛泽东思想红旗，进行了生产斗争和技术斗争的结果，是全厂职工在各个岗位上团结一致，辛勤努力的结果。总的来说有以下几点经验体会。

（一）突出政治，活学活用毛泽东著作，把人的因素放在首要地位。

电厂的发展过程是高举毛泽东思想红旗，坚持政治挂帅，坚持人的因素第一的过程。1964 年，职工学习毛泽东著作，决心保证生产，全厂职工以安全经济发供电的实际行动支援油田建设，坚定了政治立场，树立了“以厂为家热爱本职工作”的思想，不断鼓起了生产劲头。1957 年，职工群众树立了“有条件上，没有条件创造条件也要上”的政治思想，中心电站职工自己动手、就地取材制作高压油管，克服了当时材料不足的困难，保证了安全发电。

1963年在管理局党委的领导下，开展了反对生产浪费活动，全体职工从各个方面算出浪费账553690元。接着全厂740多名职工有500多名进行了回忆对比。中心电站柴油机工葛傅家说：“我为了写一本小说出名，得点稿费，在上班时把机器丢在一边，结果造成了拉缸事故，直接给国家损失1000多元。回想在旧社会，我14岁还光着屁股，生活不得温饱。解放后，在党的培养下当了技术工人，一个月100多元，还不好好工作，真是好了伤疤忘了疼。今后一定要在车间党支部的领导下，克服工作中的麻痹思想。”从此以后他在班上坚持不断地巡回检查，一次他提前发现了机油管堵塞的毛病，当即进行了处理，避免了事故发生，保证了安全生产。通过“回忆对比”，全体职工的政治觉悟普遍有了提高。在生产上掀起了以质量为中心的标准化活动，到年底出现了2台“标准化机组”和70台“五好设备”，大大提高了设备完好率，有力地保证了生产。

（二）艰苦奋斗，搞建设促生产

电厂的9年，是在上级党委的领导下，依靠自己的力量，艰苦奋斗，搞建设抓生产促发展的9年。

1. 以我为主，建设电厂。1956年，在一无厂房、二无线路的情况下，同志们搭起帐篷，架起临时线路，安装上50kW的K—153发电机，为油田进行发电。

1958年，中心电站投产了。在中心电站建设过程中，马治、彭聚富等同志在数九寒天拉料、拉工具、拉设备，在他们的带动下，许多同志参加到安装单位和他们一起动手安装，使中心电站按时顺利地投入了生产。

1961年10月，白碱滩2×1500电站顺利投产。

1962年，为了增强线路的抗风强度，保证安全输电，供电车间职工自盖工房，自找材料，到戈壁滩寻找适合的砂粒，制成200多根洋灰腿并进行了安装，抵抗了10级大风的袭击，保证了油田生产的安全供电。

1964年以来，6000kW机组又先后投入了生产，这使电厂的电业生产发展再上一个新台阶。

2. 自力更生，管好设备。管好设备使用好设备，这是一个关系安全生产的大问题。而我厂大部分职工都是转业军人，虽然思想觉悟政治觉悟高，也爱学习肯钻研，但距离管好、用好设备还是有一定差距的，这成了当时的关键问题。怎么办呢？毛泽东同志说：我们的方针要放在什么基点上？放在自己力量的基点上，叫作自力更生。对，要靠自己的力量解决问题。大家在局党委的领导下，大力开展练兵活动。头一年（1961年）先从“四懂三会”入手，讲设备原理、讲设备参数、讲性能。人人讲、人人学、天天学。技术员许春华等和工人一道既当先生又当学生，促进了技术学习。由于全体职工的共同努力，在提高技术水平的基础上，还自修自编规程20多种。接着又开展了“一落实五过硬”活动，完成系统图4000多张，平均每人画60多张。在画图基础上，又讲系统、讲事故处理，通过这一活动的开展，普遍提高了职工的操作技能。经过努力，所有人很快都基本拿下了汽轮机的平稳操作，保证了新机组安全发电。

3. 自己动手，搞设备检修。电厂工作专业性技术性很强，在克拉玛依油田电厂是独成一家。职工们发挥自己的智慧，采取“三结合”的办法，先修6#机组，之后又修1500#机组，而且在此基础上敢想敢干，大修6000kW机组。由于在工作中大家充分发扬张思德为人民服务的精神，坚持以愚公移山的干劲和白求恩精益求精的态度进行大修，所以修一台顶一台，台台合格，特别是8月3#机大修中，100多道工序，道道良好，试车一次成功。

（三）敢想敢干，向技术要效益

和全矿兄弟单位一样，几年来我们坚持向技术要效益，不断改进工艺，不断改革工具，不断挖掘设备潜力。

1958年，采取“三结合”的方法，在条件较差的情况下，实现了黑油山电站和临时电站的并列运行，使黑油山电站100多千瓦的负荷满足了当时克拉玛依地区的需要。

1959年，电修车间由于缺乏导线而常常停工待料，工人王发元、杨守卿等寻访各处，索取经验，动脑筋想办法，自制了包砂机和漆包线烘筒，解决了困难，促进了生产。1960年又试装了VD—25柴油机压风机，对提高柴油机出力起了一定作用。

1963年甲站1#机因为振动达10丝（1丝=0.01mm）以上，负荷限制在700kW以下，老工人刘绍爱、陈双德、陈生发、蔡跃奎等，苦战40天，校对了磁极中心，消除了背靠轮瓢偏和纵销不正等隐患，使振动减少到3丝以下，负荷由700kW增加到1400kW。

今年上半年，3#机的振动达5丝以上，又在严重威胁着安全发电，3月检修时，技术员袁日寿和老工人陈双德、黄代鹏等在车间党支部的领导下，共同努力，限制了联轴器的穿动，使振动减少到2丝左右，保证了设备的安全运转。

在革新当中，我们始终坚持两条腿走路的方针，一方面专业队伍搞大名堂，另一方面发动群众搞小革新、小改进、小创造、小发明，这样既轰轰烈烈，又扎扎实实，收到了良好效果。上半年实现的革新项目有 114 项，其中在管理局得奖的就有消除热偏差、叶轮除垢、循环泵远方操作等 13 项。这些革新都对生产起了很大的促进作用。

总之，紧紧围绕安全生产大搞技术革新，这是多年以来我们一直坚持的方针，也正因为如此，我们解决了一个个老大难的技术问题，挖掘了设备潜力，提高了设备出力，保证了安全生产。

（四）精益求精，加强管理挖潜力

在企业管理方面，制定和实行了行政方面以厂长负责制为核心的各项岗位责任制，特别是初步实行了技术方面以主任工程师为核心的各级技术责任制，从而调动了每个职工的积极性，促进了企业管理。

为提高管理水平，1958 年电厂开始实行了以巡回检查制为核心的“科学运行法”，实现了平稳操作和安全发供电，因而 1959 年第二、第三两个季度连续被评为自治区电业局冶金系统先进单位。1962 年，电厂学习大庆的经验，实行了各级岗位责任制度，全厂 40 多个工种，人人有职责，事事有人管，把企业管理水平又向前推进了一步。

电厂二期大门（1970 年前后）

电厂发展的各个时期，在厂党委领导下，紧紧围绕安全生产开展了“比、学、赶、帮、超”五好竞赛活动，各个岗位涌现出了不少的好人好事，在他们的带动下，全体职工精神振奋，百倍努力，对完成各时期的生产任务，起了很大的促进作用。

电厂的9年，是随着油田发展而不断发展的9年，是进行生产斗争、技术斗争，并取得胜利的9年，9年以前还是一个100kW的小小的电站，如今居然建成了一个18280kW的各方面都比较成熟的大电厂了。

△此稿写于1965年9月8日，由新疆油田电力公司（新能源项目部）自动化所（信息档案管理站）档案室何琴提供。

饮水思源话当年

陆世安

当你拧开自来水龙头，喝着那甘洌的清水；当你傍晚同恋人手挽手散步在黑油山公园垂柳依依的湖畔；当你驱车217国道独山子到阿勒泰段公路看到那像明珠一样镶嵌在无垠的戈壁上的座座水库；当你盛夏之际漫步在市区绿树荫旁倾听那潺潺的流水声，你曾想过，在这“滴水贵如油”的准噶尔盆地边缘，作为油田命脉的水来之多么不易！它渗透着油田供水职工多少辛勤的汗水和几代人的心血啊！

1956年克拉玛依油田勘探开发会战之际，各路参战大军从祖国四面八方云集到这戈壁沙漠——克拉玛依。当时遇到的第一个困难，就是缺水。人要水，钻井要水，工程也需要水，水成了会战职工能否站得住脚的关键。会战初期用水是靠汽车从40多公里以外的地方拉。有时因车况、天气等原因，水不能及时拉到，人们只能喝硫化氢水。水比粮食还宝贵，每人每天都有定量，一盆水洗了脸再洗脚，然后沉淀一下洗衣服，真可谓“滴水贵如油”啊！

为了解决会战初期用水紧张局面，1956年下半年，矿务局决定建立中拐水站。同年10月底，水站组织了30多名以转业军人为主体的创业队伍奔赴中拐，宣告了油田供水事业的正式开创。中拐水站当年建设，第二年铺设了40多公里的管线，靠泵压把水输往克拉玛依，解决了会战初期用水的困难。

为适应油田长远发展的要求，1957年矿务局开始了百口泉地下水储量和补给量的勘探调查，30多名水文观测队员先后在北起卡拉干其山，南至艾力克湖，东起白杨河、佳木河，西至骆驼脖子的方圆3600平方公里地带展开了水源调查，并在白杨河、克拉苏河、达尔布图河等3条河建立了17个水文观测站，最近的站离克市80公里，最远的达200多公里，大多数建立在险峻的河床峡谷或荫翳蔽日的密林丛中。有些地方只有稀少的哈萨克族牧民，有些地方则渺无人迹。队员们日夜观测河流的流量变化，克服了难以想象的困难，度过了人生宝贵的青春时光。正是他们测得的宝贵数据，才有了后来的百口泉水源、白杨河水库。1960年，根据地下水源勘探、水文观测资料，矿务局决定全面开发百口泉地下水，修建百口泉—克拉玛依暗渠，引水到油田。为完成这一工程，成立了以赵炎为书记、曹坤才、白生华为正副指挥，姜国清为总工程师的水渠工程指挥部。

1960年春节前夕，数千人的队伍开赴工地，开炮动工。那时炸药、铁锹、十字镐是主要施工工具。职工们只能靠落后的施工方法，克服国家3年自然灾害期间缺吃少穿的严重困难，艰苦奋斗，仅用1年多的时间，就完成了长达60多公里的暗渠土方、混凝土浇筑及渠道配套工程，并于1961年正式输水投产。在整个修渠工程中，有11名同志献出了宝贵的生命，长眠于百口泉—克拉玛依暗渠旁。供水创业的丰碑上将永远铭刻着他们的名字，他们将永远活在克拉玛依人民的心中！

百口泉—克拉玛依暗渠投产后，维护渠道确保供水畅通无阻的重担就落在了供水水渠维护队工人们的肩上。年轻的水渠维护工人，必须经常钻到渠道里进行检查。暗渠里最大断面只有0.9米×0.8米大小，人只能躬着腰行走；要是碰到狭窄的地段，只能爬行通过。虽然这一

1960 年，供水职工百—克暗渠大会战。

1961 年，百—克暗渠会战，职工与矿务局局长秦峰等合影。

任务十分艰苦，但为了保证生产和生活用水，渠道维护工人长年累月坚持战斗在这里。渠道一有问题，就顾不上吃饭休息进行抢修，有时一干就是几十个小时。为了保证油田供水需要，水渠维护工一代传一代，近40年如一日地努力工作。

1966年以后，供水工人顶着逆流坚守岗位，十年中没有停过一天水，保证了油田命脉的畅通。同时供水职工从长远考虑，在管理局的支持下，组成了以老标兵刘光浩为队长的勘探队伍，着手白杨河水库和明渠的前期勘探。此工程于1968年10月开工，1972年5月竣工，长达72公里的百口泉—克拉玛依明渠像银色的飘带在戈壁滩上飘舞，白杨河水库像一颗璀璨夺目的明珠在准噶尔盆地熠熠发光。水库从1972年开始截流调洪蓄水，明渠1973年开始向油田供水。不仅满足了油田生产用水，而且满足了油田农业和绿化用水，从20世纪70年代起，一座座农场、一条条绿化林带改变着克拉玛依的环境、气候和未来。

1978年党的十一届三中全会制定了把工作重点转移到社会主义现代化建设上来的方针，像春风吹进了供水职工的心田，给予他们莫大的鼓舞和鞭策。改革开放给供水事业插上了金色的翅膀。油田大发展，供水事业也进入了高速发展时期。自1978年以来的15年间，广大供水职工转战南北。油田勘探开发进行到哪里，供水职工就打到哪里，把水供到哪里。先后为夏子街油田、陆梁油田、准东火烧山油田、红山嘴油田和塔里木油田开发新水源。供水职工的足迹遍及天山南北，汗水洒向油田各个角落，“求实开拓，团结奋斗，为水而战，夺水保油”的企业精神在职工心中生根开花结果。职工队伍由油田初创时的36人发展到1993年的1341人。供水事业经历了1956年的中拐水站——水电站——1959年的水电厂——1964年的供水大队——1973年的供水管理处的历史发展过程。现在已形成了集人工影响天气、蓄水、采水、输水、转水、净化水、供水等为一体的配套油田供水体系。现有中小型水库

3 座，各种蓄水池近 30 个，净化水装置 3 套，输转水泵站 3 座，近千公里纵横交错的输水渠道、管网伸向油田各个角落，固定资产 1.35 亿元。36 年来累计向油田供优质水 6.4 亿立方米（不含农业用水）。现在一天的供水量相当于 1957 年的 122 倍和 1978 年的 2.7 倍，其中改革开放 15 年来供水总量达 4.7 亿立方米，相当于 1956 ~ 1978 年 22 年总量的 2.79 倍。科学技术在油田供水事业中发挥越来越大的作用。人工影响天气降水、长距离水源井排计算机自动遥控、先进仪器对水质的监测等一大批高新技术和手段运用于供水工艺流程中的许多环节，使油田供水事业发展呈现出广阔前景。党的十四大决定建立社会主义市场经济体制，油田供水事业将面临新的机遇、新的挑战，未来生机盎然。

在纪念油田供水事业开创 37 周年和供水处建处 20 周年之际。回首往事，我作为一名油田供水工人感到无上光荣。当我站在白杨河水库源头，望着源源不断流向远方的银色飘带，我的眼睛湿润了，饮水思源，流淌在我面前的不是水，而是油田的血管和命脉！它是由供水工人身上淌下的汗水，长眠于渠道旁烈士的鲜血造就的！

△作者曾任新疆石油管理局克拉玛依市供水管理处党委副书记、纪委书记。本文选自新疆石油管理局克拉玛依市供水管理处 1993 年 10 月的内部资料《为水而战的人们》一书。

大风起处砂石扬

王连芳

克拉玛依地处准噶尔盆地西北缘，西北和北面的山地和丘陵被若干河道和沟谷所切割，成为风口；地表由西北向东南倾斜，地面海拔由 500 多米降到 270 米。受冷空气入侵和上述地形特点的影响，成为新疆多风地区之一。

据 1957 年有气象观测记录以来的资料，平均每年 8 级（瞬间风速 17.2—20.7 米 / 秒）以上大风天气 70 多天，最多的 110 天，最少的也有 50 多天。12 级（瞬间风速 32.7—36.9 米 / 秒）以上的飓风也偶有发生。

克拉玛依的大风属于冷锋大风，即由入侵冷空气团的锋面向暖空气团一侧移动而形成。来自西西伯利亚的冷空气团从塔城地区裕民县进入我国境内，在穿过山地的河道沟谷时产生的狭管效应和地面海拔下降产生的冷空气下滑作用下，风力加强，风速加大，奔腾肆虐，长驱直入，有时形成为 12 级以上的强风，狼奔豕突，天昏地暗，沙石横飞，摧枯拉朽，到小拐、大拐低洼地带以后，则风力渐弱。

早在克拉玛依油田勘探开发初期，就曾遭遇大风袭击。据 1956 年克拉玛依钻探工作领导之一的马骥祥 20 世纪 80 年代回忆，1956 年 9 月初的一场大风，沙丘搬了家，戈壁滩被刮出一条条深沟，飞沙走石，钻井工人在钻台上站不住，只能趴在刹把子上坚守岗位。有一个井架安装队在白碱滩工作，全队人被大风裹挟跑出 30 多公里，直到第二天才找回来。野外施工人员住的帐篷全部被刮坏。从所描述的情况判断，可能是一场 12 级或接近 12 级的大风，因当时尚无气象台站，未留下准确的记录。

20 世纪 50 年代，克拉玛依一场大风过后的场景。

1963 年 4 月 14 ～ 15 日的大风是克拉玛依有气象记录以来的第一次 12 级以上破坏性极大的强风。14 日 20 时 35 分起风，23 时 30 分增大至 12 级以上，测出的最大风速是 40 米 / 秒，因仪器被吹坏，又没有自动记录仪，未测得实际极大风速。15 日 9 时风停。飓风造成油田全面停电，野外施工作业全部停工。笔者当时所在的乌尔禾风力稍小，正在正常钻进的钻井队也因风力过大被迫停钻 1 个多小时。当晚市区内友谊馆有演出，演员和观众都无法回家，只得在剧场过夜。距友谊馆约 30 米的露天电影院舞台上的铁皮屋顶被整体吹落在地。风后统计，吹倒钻井架 2 座，吹斜 1 座，吹倒电力、电话线杆 499 根，损坏变压器 5 台，吹断电话线 150 对，毁坏油井压力表 513 块，吹倒锅炉烟囱 35 个，吹坏柴油机 1 台，吹翻帐篷 33 顶，各类房屋迎风面的玻璃几乎全部被飞起的砂石打坏，门窗损毁十分严重。据当时在新疆石油管理局机关工作的一位同志面告，他的茶杯放在办公室迎风面的窗台上，大风吹起的一块小石子，穿透两层窗玻璃，落在茶杯里，可见风速之高。

1984 年 4 月 24 日的强风是迄今克拉玛依风力最强的一次大风。上午 11 时 37 分起风，15 时达到 12 级以上，极端最大风速 49 米 / 秒。共吹倒钻机井架 3 座，水泥电力电信线杆 233 根，426 口油井停产，452 辆汽车挡风玻璃被打碎，62 幢木板房被吹倒，104 幢楼房屋顶油毡砂浆沥青屋面被揭掉，门窗、玻璃、围墙损坏严重。笔者当时在白碱滩工作，所住楼房的油毡砂浆沥青屋面被整体揭起落在前面一幢平房的屋顶上，将数根水泥檩条砸断，所幸尚未伤人。事后查看灾情，

克拉玛依油田勘探开发初期，最好的“住房”是地窖。当时帐篷十分有限，很多人只能露宿在戈壁滩上。1956 年 9 月的一场大风，把帐篷刮坏了，造成 2000 多员工一时没有睡觉的地方。图为 1958 年油田的“帐篷城”。

亲见一幢楼房一楼迎风面窗户上一块玻璃被小石子打成蜂窝状，有大大小小几十个孔洞，但玻璃仍然未碎，可见风速之快和风力之大。

近年来克拉玛依大风天气明显减少。由于戈壁植被的恢复和城市绿化的发展，草木日见葱郁。即使大风天气，也很少见到沙石横飞了。

△作者曾任克拉玛依市政协第三届委员会副主席兼秘书长。此文来自 2016 年 10 月 18 日克拉玛依日报。

人物春秋

永远的旗帜

——中国第一支“三八”采油队

刘保宏

在中国石油工业波澜壮阔的历史进程中，曾有过一支闻名遐迩的采油队，它创造了辉煌的业绩，不仅是克拉玛依油田的第一支女子采油队，而且在中国石油工业的历程上也是史无前例的，这就是原新疆石油管理局克拉玛依矿务局油田处“三八”采油队。

一

1955 年 10 月 29 日，位于新疆准噶尔盆地西北缘的克拉玛依 1 号井喜获工业性油流，标志着克拉玛依油田的发现，宣告了中华人民共和国成立后的第一个大油田的诞生。1956 年 5 月 11 日，新华社向国内外发布消息：新疆准噶尔盆地的克拉玛依地区，已经证实是一个很有希望的大油田。1956 年 9 月 5 日，《人民日报》发表《支援克拉玛依和柴达木油区》的社论，号召全国支援克拉玛依油田建设。1958 年，是新疆石油工业飞速发展的一年。在党的“鼓足干劲，力争上游，多快好省地建设社会主义”总路线光辉的照耀下，克拉玛依油田进入了全国“大跃进”的行列。从这年开始，克拉玛依石油生产列入了国家计划，油田正式投入开发。为了适应生产发展的需要，1958 年 9 月，新疆石油管理局决定，成立克拉玛依矿务局油田处，下设采油一大队，采油二大队（1960 年 1 月增设采油三大队），具体承担克拉玛依油田的采油任务。

生产的突飞猛进，加大了采油任务，劳动力明显感到不足。为了解决这一问题，石油工业部指示新疆石油管理局调动一切可以调动的力量和积极因素，特别是组织和训练家属队伍参加采油劳动。克拉玛依矿区党委作出《关于开展“三八”活动，迅速成立“三八”组织的决定》。采油一大队坚决贯彻石油工业部和克拉玛依矿区党委的指示，提出“成立家属采油队，夺尽黑油山原油”的口号。家属们热烈响应，踊跃报名，自愿要求参加采油工作。

1958 年 7 月 16 日，新疆石油管理局克拉玛依矿务局油田处采油一大队“三八”采油队宣告成立，王松雪任副队长（后任队长兼指导员），吴佩红任指导员，有 35 名队员，其中 70% 以上是家属。1960 年 10 月，油田处撤销后，采油一大队由克拉玛依矿务局直接领导，11 月，采油一大队改设采油一厂。1961 年 1 月，根据中共中央、石油工业部关于精减机构，减少人员的指示，采油一厂“三八”采油队撤销，人员另行分配工作。

“三八”采油队的成立，是克拉玛依油田家庭妇女参加石油工业建设，在政治上、经济上真正获得独立，走向新生活的重要标志。从此，她们冲破家庭和社会上的旧思想的束缚，摆脱了家务圈子，从繁琐的家务劳动转移到参加石油生产，成为克拉玛依采油战线上的一支新的主力军。

二

采油，是一项艰辛、细致的工作，家属能否胜任这一工作，开始就有人持怀疑态度，说什么“妇女不能当采油工”“成立了也是白费，一定要垮！”“三八”采油队的队员将冷嘲热讽置之度外，不畏艰难困苦，和男同志比高低，用苦干实干加巧干的行动实现了“提高技术加油干，个个争做穆桂英，个个赛过男子汉，三八妇女大跃进”的诺言。

成立初期，35 名队员中仅有 5 个二级工人，10 个下放干部，其余均是家属，队长和指导员也刚走出办公室和学校不久，全队的技术状况可见一斑。不懂技术，就不能圆满地完成生产任务。怎么办？学！只要肯学肯钻，就能突破技术关。她们下定决心，排除万难，从头学起，以能者为师，请教其他队的老工人，将操作规程编成顺口溜，一有空闲就背诵，那劲头简直到了“废寝忘食，乐以忘忧”的境地。日复一日，坚持不懈，很快学会了采油技术，并能单独工作。

首先，针对队员文化素质普遍较低的情况，采取生产劳动和业余技术讲座相结合的方法进行技术培训，使大多数队员正确填写采油原始报表、计算油气比和拉计算尺，并能学以致用，立见功效。其次，开展群众性的“进油宫”“扫油盲”竞赛和“百徒冠军赛”等活动，每天抽出 1 小时以上的时间向工人讲授技术，工人学习手不释卷。通过技术培训，队员的技术水平普遍提高，适应了工作需要。

“三八”采油队成立 1 个月就提出合理化建议 1200 条。实验成功的简化看压力，简化检查油嘴，分别提高功效 5 ~ 10 倍。她们还革新了选油站的流程，提高了油罐的利用率。

油井管理是“三八”采油队技术革新的重点。根据油井的不同特点，在42口井上安装了45个烟道保温箱。当时有些油井刮大风时因不烧火导致管线冻结，造成低产。为此，她们在保温炉火熄灭后，用毛毡将烟道出口和炉门包扎起来，从而使炉内温度在风刮完后仍在60℃左右，保持了管线的正常温度。并在42口井上使用了半自动化检查油嘴，还在油井生产闸门处接上一节管线，将油管压力表从平台上移下来。这些革新，使油井管理水平大为提高，原油产量不断上升，对生产任务的完成发挥了重要作用。

岗位工人地质员制度是当时群众管好油井的行之有效的好方法。开始，“三八”采油队的队员不会校正压力表，有时压力表坏了，还认为油井压力很平稳。岗位工人地质员制度建立后，对3号选油站的9口油井18个压力表进行校对，发现坏的有6个，立即加以更换。1055号井原是低产井，一星期开井不过一两次，有时还不出油。岗位工人地质员摸底后，进行分析研究，采取关一天，开一天，再关一天的措施，使这口井“死而复活”。

“三八”采油队成立后，从小到大，不断壮大，不断进步，队员由35人增加到129人，由开始管2个选油站到管理8个选油站，共75口井。她们严字当头，一丝不苟，油田处组织油井大检查，资料评比，“三八”采油队受到称赞；填报表均用仿宋字，成千上万个数据正确无误；工业卫生大检查，次次名列榜首；开展劳动竞赛，一年内两次赶上克拉玛依油田采油标杆——青年采油二队。组建1个月就安全、超额完成生产任务。成立的当年生产原油4万余吨，超额16.7%完成任务。生产任务1959年提前34天跨入1960年。据不完全统计，到1961年11月14日，“三八”采油队共生产原油27.31万吨。

“三八”采油队的工作与男子采油队相同，她们取得的成就，让男队心服口服，刮目相看。她们用事实证明：克拉玛依妇女什么都能干，而且什么都能干好，只要充分发挥她们的潜力，也能创造奇迹。

三

“三八”采油队是一个民族团结大家庭，成员由汉、维吾尔、哈萨克、回、蒙古共5个民族组成，各民族间虽然风俗习惯不同，但为妇女争光，为国家采油的共同信念将她们变成了一个亲密无间、和睦相处的战斗集体。她们刻苦学习，相互帮助，并肩前进，成为一支组织健全、纪律严明、技术过硬、特别能战斗的采油队伍，表现出新中国妇女顶天立地的英雄气概。

在这个英雄群体中，涌现出许多为油大干的先进人物和模范事迹。这里仅列举几例，以表示对她们的崇敬之情。

姜述琴，共青团员。到采油队两个月就熟练掌握了清蜡、测气、量油、维修等复杂操作技术，当了领班。为了学习技术，她有两个笔记本，一个在工地，一个在家中。在工地上把师傅教给的操作和注意事项一字不漏地记在油本上，回到家中再认真仔细地抄写在本子上，家里有空在家看，井上有空在井上看。特别值得称道的是，一次，她正在7号选油站吃饭，突然听到“轰”的一声和“突突”的喷油声，她放下饭碗，飞也似的跑到油井，发现有口井的管线断开，她立即关井，结果这口井没关好，另一口井又断开。她凭着经验判断，一定是总机关有问题，就一鼓作气跑回选油站，看到总机关房内天然气弥漫，爆炸就要发生，她奋不顾身冲进房内，用手摸到关错的闸门，浑身用力，打开了闸门，油哗哗地流过去了。此时，她头晕目眩。她的事迹受到了同志们和组织的称赞和表扬，获得了各种荣誉，多次被评为克拉玛依矿区、新疆石油管理局的标兵和先进生产者。1960年1月在自治区工交基建群英会上被授予先进生产者称号。1960年2月被克拉玛依矿区党委任命为克拉玛依市妇女联合会筹委会委员。在1960年8月召开的克拉玛依市第一次妇女代表大会上又当选为市妇女联合会第一届委员会委员。

王香兰，一个体格健壮的山东姑娘，工作起来天不怕地不怕，男同志见了都伸舌头。当时清蜡车缺乏，她不怕脏不怕累，不顾油污，把头往绞车低层空隙中一钻，就将近100斤重的清蜡绞车连同刮蜡片、铅锤顶起来，从这口井跑到那口井。为了确保油井的正常生产，她经常冒着严寒及时给油井清蜡。

丛德媛，下放干部，大班班长。大班是4级工干的活儿，工作是清蜡、修管线等重活儿。她学习刻苦、勤奋，很快就掌握了清蜡、操作管钳、安装井口等技术。一次，一辆油罐车拉油时，司机故意为难她，不开油罐车盖。她一下冲到车顶，用一只手猛地揭开盖子，那情景使那个司机感到无地自容。还有一次，清蜡时正巧刮大风，井架很滑，她不顾危险，谢绝男同志的帮助，硬是上去完成了任务。

王从荣，平时话语不多的采油工。一次检查压力表时，闸门只开了一个，忘掉打开另一个，等她想起只开一个闸门后，压力已升高，她忘掉了一切，疾步冲向闸门，迅速打开，避免了一场意外事故的发生。

羡芬，即将临产了，仍坚持上班，像平时一样爬大卡车，连驾驶室都不坐。最后把孩子生在7号选油站，并为孩子起名“七选”，以示纪念。

四

“三八”采油队以其巨大的成就赢得了社会的承认。

1958年9月12日，这是一个永远不能忘记的日子，正在克拉玛依视察的中共中央副主席、中华人民共和国副主席朱德偕夫人康克清亲临“三八”采油队看望队员们。朱德观看了选油站的生产设备，询问了生产情况。当队员讲到克拉玛依油田共8个选油站她们就管了5个，日产原油300多吨时，朱德高兴地说：这一下，你们可就将男子队的军了！

“三八”采油队成立当年就获得了自治区妇联、新疆石油管理局、克矿党委、油田处奖励的锦旗11面，指导员吴佩红代表全队出席了全国妇女建设社会主义积极分子大会，受到党和国家领导人的接见。1960年被授予自治区“三八”红旗集体称号，并受到全国妇联的表彰。队员多次被克拉玛依矿务局、新疆石油管理局、自治区、石油工业部授予先进生产者、“三八”红旗手。其中王素珍、姜述琴两人分别在1958年、1959年被评为自治区先进生产者。

这些荣誉，是“三八”采油队辛勤劳动的结晶，是用汗水换来的。它将永远激励着采油一厂各族职工顽强拼搏，无私奉献，为新疆石油工业的发展再立新功。

五

“三八”采油队从成立到撤销，仅有3年时间。3年，在人类历史的长河中，只是短暂的瞬间，但是它在采油战线的史册上，却永远闪耀着光彩。

当年，“三八”采油队解散时，王松雪满怀深情地说：我们队虽然解散了，但我们不能忘记自己是“三八”采油队的队员。因为我们这个队有100多号人，受到朱德总司令和康大姐的慰问，我们是全国英模会的先进集体。这个光荣的历史集体永远存在。今后无论我们在什么岗位上都要好好工作，都要对得起这个光荣称号。

30多年过去了，她们仍然将这些话牢记在心。昔日的队员无论是在克拉玛依的，还是调走的，至今仍然保持了“三八”采油队的优良传统和作风，时常回忆起过去的工作情景，难忘那一段美好的时光，她们均以自己曾是“三八”采油队的队员而骄傲与自豪。

历史，记下了“三八”采油队的辉煌。

今天，在采油战线，“三八”采油队的崇高思想在升华，创业精神在闪光。

“三八”采油队，采油战线的一面旗帜，你永远飘扬在克拉玛依人心中！

△作者时任新疆石油管理局、克拉玛依市党委史志办公室副总编辑，现任克拉玛依市党委史志办公室（市档案馆）三级调研员。此文原载 1995 年 9 月石油工业出版社出版的《点燃西域地火》一书。

让钻机插上金翅

——标兵集体 32735 钻井队

无论是寒气逼人的严冬，还是灼人如火的酷暑，在百口泉油田的茫茫戈壁上，几十部钻机总是不分昼夜你追我赶地向油层进攻，高指标、新水平不断涌现。但是，名列前茅的还数 32735 钻井队。这个年轻的井队，1979 年上半年只用 126 天就突破了万米大关，共打进尺 14700 米，比去年同期翻了一番，并为国家节约 70 多万元，被人们称赞为“插上金翅的年轻钻井队”。

一

32735 钻井队是 1978 年 1 月新组建起来的。全队 63 名职工，除队长和大班司钻是“老钻井”外，其余的都是学徒工和二级工。刚建队，就到百口泉新区打井。新区条件艰苦，加上人员新，技术力量薄弱，对该地区的地质构造又不熟，使这支年轻的队伍遇到不少困难。在困难面前，队党支部认真抓好职工的思想教育和技术培训，使他们勇于接受考验和锻炼。党支部一面根据青年的特点大力开展文体活动，一面大搞技术练兵，使驻地到处欢歌笑语，使队伍充满朝气。通过开展岗位练兵活动，学技术、钻研业务成了大家自觉的行动。1976年参加工作的学徒工张怀建，勤奋好学，很快掌握了柴油机的性能及维修技术，被提拔为主任机工。在他和另外几名柴油机工的精心操作和保养下，使3台老柴油机一直安全运转，其中1号机已经连续运转了1万多小时无大修，2、3号机也分别运转了七八千个小时，受到了有关部门的赞扬。在今年7月全处举行的技术考核中，有的学徒工还考上了三级工。由于职工们的技术水平不断提高，这个队的钻井速度不断加快。

二

俗话说：火车跑得快，全靠车头带。32735队能够打出好成绩，是与队上的党员、干部的带头作用分不开的。

大班班长、共产党员、老工人李天福，把全部精力都放在钻井上。对他来说，从来没有节假日。特别是在每口井的完钻工作中，他从甩钻杆到固完井，经常连班干二三十个小时，给青年工人树立了大干的榜样。

队长孙圣顺是1959年从部队转业的老钻井工人，他既抓生产，又抓思想政治工作，处处以身作则。有段时间，队上钻机动力部分有漏油现象，他发现后就立即带领大家把所有的漏点都堵住，避免了浪费。有一次，他看到有人把断棕绳扔掉，觉得很可惜，就捡起来，把大家叫在一起，给他们回忆20世纪60年代初期由于苏修卡脖子而造成的困难情景，使大家受到了艰苦奋斗的传统教育。

这个队的其他干部，也都是哪里艰苦就战斗在哪里，哪里危险就冲向哪里。4月10日刮十二级大风，副队长顶着狂风步行把馍馍送到井上，并和大家一起保护了机器设备。因此，大风后 5 小时就恢复了生产。

党员、干部带了头，群众个个有劲头。许多同志为了多打井、快打井、打好井，放弃了休息日或推迟了探亲假。青年钻工木沙，南疆老家来电报说他家老人病故，要他速回；队领导也准假让他回去，但他一心想着钻井翻番，怎么也不肯回。还有几名转业来的同志，回老家探亲或结婚，假期还没到就提前返回。他们说：想起队干部和同志们日夜在大干，在家实在待不住。

三

32735 钻井队是新疆石油管理局最早被评为“高压喷射钻井队”的井队之一，1978 年就进行喷射钻井的试验工作，在科学打井方面起了带头作用。在百口泉会战中，坚持按照科学的态度办事。他们突出地抓了三个方面的工作：一是用科学的态度管好泥浆。队长亲自担任泥浆净化组长，带领全队职工到 32830 队学习泥浆净化的经验。同时，他们反复试验，认真总结经验，逐步摸索出配泥浆比重的规律。二是用科学的态度管好泥浆泵。以前，他们都采用双泵打井，如其中有一台坏了，就要停钻修理，浪费时间，影响钻速。后来他们采用缩小水眼的办法，只开单泵打井，轮换维修坏泵，做到修泵不停钻，赢得了时间，夺得了进尺。三是采用高压喷射，使用好钻头。他们每换一个钻头，都要有干部亲自参加。每次提出钻头总要洗净摆在井台上，让大家分析研究，得出在什么样的地层使用什么样的钻头合适的准确参数，并做好记录。今年上半年，他们共打 6 口井，平均一口井用 6 个钻头，创造出在百口泉地区上部地层用国产刮刀钻头多打进尺的好经验。因为有科学的态度，有切实可行的措施，32735队钻井速度越来越快，在1033号井，只用17天15小时45分钟就打完了2400多米进尺，创造了优质快速新水平。

目前，32735钻井队正在团结战斗，向年上2万米的高峰攀登。我们相信这个插了金翅的年轻钻井队，一定会达到这一目的。

△原文来自1979年8月23日《新疆石油报》。本报记者杨登艺。本文由克拉玛依日报社提供。

扎根戈壁苦为荣

——克—独输油管线三泵站

输油处三泵站的职工为油扎根戈壁，艰苦创业，二十多年如一日，真不简单！他们用辛勤的汗水换来了累累硕果，以赤诚之心把地处戈壁荒原的泵站变成了生机勃勃的不褪色的红旗站，这实在值得庆贺，值得赞誉。

三泵站的精神，就是实实在在的大庆精神，就是全心全意为革命的精神。有了这种精神，我们就能在建设国家的道路上披荆斩棘，所向无敌；有了这种精神，我们的事业就能一步一个脚印，扎扎实实地前进。

“戈壁滩上卧油龙，艰苦奋斗苦为荣，立下愚公移山志，自力更生绘新图。”这是输油处克—独输油管线三泵站建站初期，干部工人为加速克拉玛依油田开发建设发自肺腑的心声。

二十多年过去了，在三泵站，昔日荒凉、冷落的戈壁滩，如今房屋成排，机房高耸；机器的昼夜欢唱，使这片戈壁充满生机。二十多年来，三泵站的干部工人自力更生、艰苦奋斗，在改造客观世界的斗争中，充分发挥人的主观能动性，战胜了一个又一个困难，年年超额完成输油任务，为发展新疆石油工业作出了积极贡献。党和人民多次给予他们崇高的荣誉，仅 1974 年以来，就荣获由局市党委授予的“不褪色的红旗站”光荣称号，自治区第三次工业学大庆会议授予的“永不褪色的红旗站”光荣称号，石油部授予的“扎根戈壁，艰苦奋斗的泵站”光荣称号。

愿三泵站的精神在天山南北石油战线发扬光大，开花结果！

让职工牢牢树立扎根泵站的思想

1958 年，第一批肩负驾驭“地下油龙”使命的人来到了三泵站。光秃秃的戈壁渺无人烟，没有房住，没有水吃，困难重重。面对着艰苦的环境，三泵站职工的回答是：建设社会主义就不能怕艰苦！他们怀着改变祖国石油工业落后面貌的雄心壮志向困难作斗争。没房住，他们搭帐篷、挖地窖；用水紧张，他们就时刻注意节约，用过的洗脸水澄清后下次再用。大家团结一心，白手起家建起了泵站，在荒凉的戈壁扎了根。

党支部把这种精神当作“传家宝”，一代一代往下传。这些年，站上人员不断更新，每次来了新同志，他们都要用当年老同志艰苦创业的事迹，教育他们树立扎根泵站的思想。党支部组织编写了泵站创业史，长年坚持对职工进行艰苦奋斗的传统教育，使一些原来不安心泵站工作的同志都逐步安心了。

1978 年 4 月，青年工人王登山分配到三泵站工作。小王到站一看，心情很不愉快，当天就以母亲有心脏病为由，要请假回家。指导员找他谈了 3 个小时，并带他到荣誉室用老师傅们的先进事迹启发教育他安心工作，可他听不进去，第二天竟擅自离站回家去了。党支部就发动党团员、老工人帮他查根源，摆危害，要他遵守纪律，安心工作。

开始，谁找他谈话他都要顶碰说：“不闹不能解决问题。”小王要解决什么问题呢？大家分析认为，无非是见这里艰苦，想换个好地方。大家继续耐心地帮助教育他，诚恳地指出他采取“闹”的办法是错误的。在同志们的帮助下，小王开始有了进步，再不和大家顶碰了。后来站上领导和他谈话，发现他还有这样一种想法：感到自己是高中生，在泵站工作是“英雄无用武之地”。党支部就对他加强革命理想教育，引导他认识干好本职工作的重要意义，并鼓励他向先进学习。团支部也召开座谈会对他进行帮助。同志们的热情关心和诚恳帮助，使小王深受感动。他终于转变了思想，积极上进，各项工作干得踏实认真，后来还光荣加入了共青团。现在，他处处严格要求自己，决心在艰苦的环境中接受党的考验。

在艰苦创业中，党支部尽一切可能把职工的生活、学习、工作条件搞好，创造一个舒适的环境，解决一些实际困难。去年，他们带领职工利用业余时间进行了一场平整站区公路、美化环境的战斗，使原来高低不平的土路变得平坦、整洁、美观。还组织大家扒出地窖的旧木料，做了 8 张圆桌，32 条凳子，解决了食堂就餐没有桌凳的问题。针对站上青年人多的情况，他们制作修理了单、双杠和乒乓球台等体育器具，活跃青年们的生活。去年，党支部还用一部分奖金买了一台缝纫机，解决了大家缝补衣服的困难。工人们深有感触地说：“咱们穿衣吃饭问题，领导时刻都想着的。”难怪有的同志一旦调离这里，总是恋恋不舍。

以科学精神管好用好改造好老设备

三泵站现有的 13 台设备，大部分是老设备，技术状况差，零配件缺乏，给管理和维修带来不少困难。老设备能不能继续为社会主义建设多作贡献？党支部在生产实践中认识到，只要按客观规律办事，以科学态度管好用好改造好设备，就能变不利因素为有利因素，掌握搞好生产的主动权。最近几年，三泵站的职工取得提高6250柴油机工作效率的成功经验，就是生动的例子。

6250柴油机是上海汽轮机厂20世纪50年代的产品，机况老，技术性能差，耗油量大。党支部要求大家精心管理，不断总结经验，逐步解决这些问题。他们发现6250柴油机的一保、二保、三保费工费时，不科学，就进行了调整，取消一、二、三保，增加例保，延长中修周期。这样做的结果，不仅节约了材料，减轻了劳动强度，而且设备性能、工作效率也有提高。按说明书规定，6250柴油机连杆轴与曲轴轴承的径向间隙在0.085毫米至0.188毫米之间，他们发现这样配置间隙误差大，连杆轴与曲轴磨损快，影响使用寿命。为了解决这个问题，大家一次又一次检查测量，终于发现产生误差的原因是测量仪器不准确造成的。他们通过试验，把连杆轴与曲轴间隙配置在0.07毫米，并采取措施改善润滑状况，使曲轴使用寿命由原来的12000小时提高到25000小时，连杆轴的使用寿命由原来的3000小时提高到14000小时。

一次，中修二号柴油机，有人发现柴油机中心轴偏差50个丝，超过规定标准1倍。是什么原因造成的呢？干部和工人一次又一次地检查，调整了116次，记录了736个数据，连续奋战13天，终于找出中心轴偏差过大是因飞轮孔磨损变大造成的。当时站上没有备用飞轮，局里也找不到，等下去就要影响生产。于是干部工人就一起出主意想办法，确定了加焊弹子盘外壳纠正中心轴偏差的方案。他们把废轴瓦上的乌金熔化下来，焊到弹子盘外壳上，然后用锉刀仔细地锉到规定标准，安装测量，柴油机中心轴偏差只有5个丝，质量超过了规定的指标。大家从中得到一个宝贵的启示：老老实实地用科学态度办事，土办法也能解决大问题。

为了提高设备的管理水平，三泵站十分重视职工的技术培训，从1969年站上成立了技术培训小组，开办了技术夜校，定期组织技术练兵，采取“三定、两结合”措施进行技术培训，“三定”是：定人（选思想好、技术精的老工人和技术人员）讲授机、泵、炉、电等方面的技术知识；定时进行技术培训；定期进行理论和操作考核。“两结合”是：理论与操作相结合，每讲一堂理论课进行一次现场操作表演；平时教与重点培训相结合。一次，中修1号柴油机，老工人陈忠林放手让青年工人孙学贵承担组装主动齿轮连接螺丝的关键工序，试车检查时陈师傅听机器响声不正常，判断连接螺丝安装有问题，他想，这正是实际教学的好机会，立即把小孙叫来停车检查，果然是连接螺丝安装不合格。他就手把手地教小孙怎样调向，怎样锁紧，使小孙掌握了这项技术。

通过技术培训和岗位练兵，三泵站职工技术素质提高很快，许多青年工人到站三五个月后就能单独顶岗，并能做2个工种的工作。由于站上常年坚持技术培训工作，狠抓设备维护保养质量验收，大胆改革与生产不相适应的陈规，设备管理水平一年比一年提高。从1977年到现在，他们的设备完好率始终保持在百分之百，全站每台设备达到了红旗设备标准，实现了红旗设备“满堂红”。

为了管好用好设备，他们还想方设法提高站上的设备维修能力。过去设备进行中修、大修，都要到克拉玛依，浪费人力物力，也影响生产。大家认为只要站上增添一些专用维修设备和工具，问题就可就地解决。他们到克拉玛依有关单位找来槽钢、角铁、油压千斤和高压油泵等废旧料，东拼西凑制作了1台20吨的土压力机和1台小吊车，解决了大中修的专用设备问题。接着他们又动手制作了土车床、水堵冲模、活塞卡套等8种专用维修工具。现在一般设备均可在站上进行中修、大修。

从 1970 年以来，他们仅在设备维修费用上就为国家节约 12 万多元。

近几年，三泵站还发动群众，大搞技术革新，先后实现了提高锅炉出力、泵冲数自动计数器、自动倒泵控制、盐酸化学除垢等技术革新项目，改善了设备状况，提高了生产效率，减轻了工人劳动强度，降低了成本，节约了开支。仅提高锅炉出力一项，5 年就为国家节约 30 万元。

没有规矩不成方圆，没有制度能办好工厂吗？三泵站的干部工人展开了一场大讨论。大家结合建站初期没有规章制度，生产管理混乱，柴油机连续发生甩连杆、顶缸和爆炸事故的沉痛教训，大摆没有规章制度的危害，大讲建立健全规章制度的好处。他们说："规章制度，是管理企业的经验总结，有人能把它从墙上撕掉，但谁也不能把它从我们心里抹掉！"是非越辨越明。原来认识模糊的同志也慢慢擦亮了眼睛。接着党支部组织群众重新制定了岗位专责制、交接班制、巡回检查制、设备维修保养制、质量负责制等规章制度。全站职工认真执行，使站上台台设备完好，各类设备的运转记录、保养检修记录和输油班报表都完整无缺。1974 年，三泵站党支部抓革命促生产不停，顶住了错误思潮的干扰，做到了领导班子没有散，职工队伍没有乱，规章制度没有丢。这一年，局市党委授予他们"不褪色的红旗站"光荣称号。

面对成绩和荣誉，三泵站的同志不居功，不自满，对自己的要求更高更严。党支部带领全站职工不断检查工作中存在的问题，及时加以解决。在去年上半年工业学大庆大检查中，党支部发现资料管理没有兄弟站搞得好，立即组织全站进行整改。为了使资料填写统一化，站长魏新光带头用仿宋体填写资料，给大家做出了样子。后来，三泵站成为全处资料管理最好的单位。今年上半年，输油处还在三泵站召开现场会，推广了他们资料工作方面的好经验。

去年石油部第二次工业学大庆会议授予三泵站"扎根戈壁，艰苦奋斗的泵站”光荣称号，全站职工受到很大鼓舞和鞭策，围在锦旗前谈体会，表决心，共同的愿望就是：为国家建设加倍努力，把红旗一直扛下去。为了更好地率领群众在新长征的路上胜利前进，党支部开门整风，发动群众帮助领导班子解决思想路线、革命干劲、企业管理、工作和生活作风等方面存在的问题。经过整顿的领导班子更加朝气蓬勃，进一步发挥了战斗堡垒作用，他们带领群众大干快上，在人员少、设备老、技术力量差的情况下，顺利完成了1978年输油任务，设备出勤率和完好率始终保持百分之百，实现了红旗设备满堂红。今年以来，他们的斗志更旺，上半年超额4900吨完成输油任务，红旗设备保持在百分之百，资料、环境卫生和技术教育等工作在全处名列前茅。他们决心继续努力，创造更加优异的成绩，向国庆30周年献厚礼。

△原文来自1979年8月29日《新疆石油报》，本报记者颜怀堤。本文由克拉玛依日报社提供。

我是石油工人我自豪

——全国先进生产者卡依霞·库赛根

1958 年，哈萨克族小姑娘卡依霞·库赛根（有时写作卡依霞·可可思汗），毅然放弃学业，加入了石油工人的行列。

一年后，卡依霞·库赛根当选为全国先进生产者，成为当年全国最小的先进生产者。

47 年后，当 62 岁的卡依霞·库赛根回忆起往事时，依然是无限感慨……

从小女孩变成一名小工人

卡依霞·库赛根出生于 1942 年，从懂事开始，卡依霞·库赛根就记得，家里很穷，总是吃了上顿没下顿，父母为了维持生活，只能给地主放羊，大哥不到 10 岁也像父母一样去给地主放羊，最疼自己的小哥因为家穷，没有钱治病，最后病死了。

自从父亲来到克拉玛依当上了石油工人后，家里就有了欢笑，卡依霞·库赛根也第一次吃上了白面。

那时候，每次看着穿工衣的爸爸去上班，卡依霞·库赛根的心里就非常羡慕，年幼的她从那时起就想像父亲一样当一名石油工人。

1958 年，新疆油田开始了如火如荼的石油会战，石油战线急需大量职工。

当时，卡依霞·库赛根在独山子石油学校就读，为了能够成为一名石油工人，她毅然放弃了学业，虚增两岁报名参加石油会战。

当父母把录取消息告诉卡依霞·库赛根时，她激动得几天都没睡着觉，卡依霞·库赛根终于如愿以偿，从一名小姑娘变成一名石油工人。

不怕！我是石油工人

石油工人这个职业让卡依霞·库赛根骄傲不已，从一开始她就下定决心，一定要好好工作，不能对不起自己的职业。

刚参加工作的卡依霞·库赛根，被分配到了浅钻大队，在现在的黑油山一带工作。

第一天上班，是父亲送她去的。看着瘦小的卡依霞·库赛根，父亲禁不住伤心落泪，并叮嘱她说：一定要听师傅的话，努力工作。

昨天还围在妈妈身边撒娇的卡依霞·库赛根，今天正式成了一名石油工人。

从第一天上班开始，她就特别勤奋，师傅让她干什么她就干什么，带她实习的师傅，一个劲儿地夸她能干。

那时的克拉玛依，环境非常恶劣。从卡依霞·库赛根的家到单位的路上，到处都是小丘陵、小山包和杂草。每当刮大风的时候，大风就会把仅有的几棵树刮得呼呼作响，在晚上，老远看去就像是“鬼”

的影子。

别看卡依霞·库赛根白天上班生龙活虎的，胆小的她最害怕的就是上夜班。

因为上班没有班车，从卡依霞·库赛根的家到单位要走近1个小时的路程，每次上夜班，为了不让别人看出来自己是一个小姑娘，也为了给自己壮胆，卡依霞·库赛根总是把自己打扮成男孩子的样子，戴上皮帽子，穿上宽大肥硕的羊皮工衣。

刚开始上夜班，父母也不放心，每天晚上就送她上班。卡依霞·库赛根不想麻烦父母，可妈妈坚持要送她上班，卡依霞·库赛根就对妈妈说：没事，我是石油工人了，有什么好怕的。

就这样，卡依霞·库赛根开始一个人走夜路，每当害怕的时候，她就会在心理默默地鼓励自己：不怕！我是石油工人，我是石油工人……胆小的卡依霞·库赛根渐渐胆子大了起来，也渐渐地成熟了。

光荣加入“三八”女子钻井队

一年后，新疆油田成立了首支“三八”女子钻井队，卡依霞·库赛根也光荣地成为其中年龄最小的一员。

钻井队成立不久，就接到开赴红山嘴的任务，那是一个冬天。克拉玛依的冬天经常刮风，气温在零下40摄氏度以下是常事。风刮到脸上像刀割一样，井上泥浆喷到身上转眼间就能结成冰。

一次，“三八”女子钻井队钻井的时候，发生井喷。一股强大的气体从地下喷涌而出，将泥浆、油、水的混合物一下掀起，直冲云霄。

卡依霞·库赛根一看井喷了，第一个拿起工具来到泥浆池旁边，用工具搅拌泥浆。当时户外温度在零下40摄氏度以下，泥浆池中的温度更低。为了能够尽快恢复泥浆比重，必须不停地使劲搅拌泥浆，泥浆就喷溅出来，溅到她的身上、脸上，溅出的泥浆越来越多，甚至把眼睛都蒙住了，即使这样，卡依霞·库赛根也没有停过。

大伙看卡依霞·库赛根年龄小，就劝她：你还小，不用干这种活儿，我们干就行了。但她说：没事！

等回到家的时候，妈妈看到满身都是泥浆及冰凌的卡依霞·库赛根很心疼，卡依霞·库赛根总是安慰妈妈：没事，我是石油工人嘛。

那段时间，卡依霞·库赛根从来没有哪一天是干干净净回家的，身上穿的羊皮工衣覆盖了一层厚厚的油和泥浆，又厚又重，脱下来都能立起来。

成为全国最小的先进生产者

克拉玛依当时还很缺水。大家上班时，都要带一军用水壶的水。

夏天的戈壁滩，放眼望去除了石头就是黄白色的盐碱地，气温常常高达50摄氏度以上。石头集中的地方，老远都能看到石头被烤得“冒烟”，大家开玩笑地说：我们应该把面带上，可以在这石头上打馕了。

因为大量的体力劳动，每次带的那一小壶水总是不够喝，很多队员常因为中暑，晕倒在工地上。

工地上有一个用来给柴油机提供冷却循环水的水罐，罐里的水经过循环后，上面总会漂一层油花。因为口渴，大家就把罐里的水漂一漂喝。

卡依霞·库赛根说：那水非常难喝，说不出什么味，不过在当时那种情况，为了不耽误工作，大家都不在乎。

“三八”女子钻井队的主要任务是在黑油山一带打浅井，每口井都不深，最深的也不过一二百米，完钻后就要立即搬家。对大家来说，最害怕的就是“搬家”。

从一口井搬到另一口，唯一可以帮忙的就是一台拖拉机，为了赶时间，加快工作进度，井队搬家必须人力和拖拉机一起工作。

每次搬家最让人头疼的就是搬钻杆，有时候一个井场的钻杆多达几百根，大部分要靠人肩扛。瘦小的卡依霞·库赛根和同事们一起肩挑人扛，肩膀磨红了，肿了，最后烂了，就在肩膀上垫一块毛巾继续干。很多时候，别人只搬了一趟，她可能都来回几趟了。当时在其他队里工作的男同事，见到玩命工作的卡依霞·库赛根都忍不住地直称赞她。

因为工作积极，能吃苦，年轻的卡依霞·库赛根赢得了群众的喜爱，同事的敬佩，领导的赞许。1959年，她当选为全国先进生产者、全国“三八”红旗手。

她年纪小，可她像个姐姐

1961年，“三八”女子钻井队解散，卡依霞·库赛根被分配到了“三八”女子采油队当副队长。

当时，队里的队员是由各民族姐妹组成的“娘子军”，都是年轻的姑娘，爱赶时髦。

一次，有一个叫帕提古丽的姑娘，迷上了跳舞。为了跳舞，她不想去上班了。卡依霞·库赛根找到了她，对她说：你是从喀什招工过来的，家里的条件也不好，如果你不上班，谁来照顾你的家庭呢？最后，帕提古丽在她的劝说下，又重新回到了工作岗位。

很多年过去了，现在已经退休的帕提古丽仍然很感谢卡依霞·库赛根，她说：如果不是当年卡依霞·库赛根给我做工作，我可能早就不上班了，如果不工作，我现在怎么会过上这么好的日子。

那时的卡依霞·库赛根把所有的队员都当作亲人一样对待。

阿米娜的父亲病了，她会帮着去照顾；古丽要生孩子，她会帮着去做饭；甚至有时候，独山子的同事要结婚，她会几天几夜地去帮忙……

当年的同事回忆说：卡依霞·库赛根虽然年纪小，可是她就像我们的姐姐一样。

艰难时期依然充满希望

卡依霞·库赛根始终记得周总理对她说的一句话：你是少数民族中的优秀女工代表，你还年轻，要加倍努力地工作，建设好我们的国家。正是这种嘱托，陪伴着她，鼓励着她，使她在人生最灰暗的时期依然充满希望和信心。

当时，卡依霞·库赛根所在的修理部有很多人开始趁“乱”偷、拿集体的财产。在修理部工作的卡依霞·库赛根为了保护集体财产，没有顾及自己当时的“特殊”身份，当起了临时“管家”。

一些人当着她的面不敢拿集体的财产，在背地里骂她，甚至暗地里报复她。

一次，卡依霞·库赛根下班回家，走到家门口，听见儿子在家里哭，回家一看，家里的玻璃被人打烂了，儿子坐在地上大声地哭着：妈妈，有坏人打我们家的玻璃，他们说你管闲事。

卡依霞·库赛根一听儿子这么说，知道是怎么回事了，抱着儿子说：别怕，妈妈做的都是应该做的事，总有一天会有人明白的。

卡依霞·库赛根还干过车工、钳工、电工、图书管理员。无论在什么岗位，她都能出色地完成工作。

因为工作成绩突出，她又连续当选为克拉玛依市第六、七、八届人大代表，并多次被授予局、厂级先进生产者。

△原文来自2005年6月7日《新疆石油报》，本报实习记者莫延兰。本文由克拉玛依日报社提供。

刘光浩与水渠护卫队二三事

邹文庆

水是生命的源泉，水是油田的命脉。

1961 年 2 月，克拉玛依的第一条水渠——百克暗渠竣工投产，这条暗渠被称作克拉玛依的生命线，也是油田的命脉。

百克暗渠起于百口泉，流经整个白碱滩区域的百里戈壁油区，一直到克拉玛依。暗渠总长 75 千米，设计日输水能力 5 万立方米，暗渠最深的地段有 10 多米深，宽度 2．5 ~ 3 米，而高度仅半米左右。

为了保证暗渠渠道的正常通水，渠道的运行、管理、维护就是一件艰巨的任务。新疆石油管理局为此在位于暗渠中段的白碱滩地区成立了一支由多民族组成的水渠维护队，并任命曾参加过百克暗渠施工、荣获二等功的刘光浩担任班长，水渠维护队的工作就是专门负责百克暗渠的检查、维护。

20 世纪 60 年代，克拉玛依时常刮大风，最大风力有 12 级。而大风有时会引发山洪，同时因为土质下沉造成渠底下沉，所以，洪水冲垮暗渠盖板、渠道堵塞、渠水大面积渗水等情况时有发生。刘光浩带领全班同志除了进行日常的渠道检查维护外，在遇有渠道堵塞塌垮、通水受阻等情况时必须连夜抢修，一刻也不能耽误。特别是在严寒天气时，同志们下入暗渠前除了穿厚点衣服外，还特意喝上几口白酒。暗渠断面也就 0.8 ~ 0.9 米，最小的断面只有 0.5 ~ 0.7 米，地下暗渠狭窄而漆黑，空气稀薄，工人们常常是打着手电躬着腰蹚水前行，个别渠段甚至是一步一爬地往前。在暗渠里工作，随时还面临着渠顶坍塌或被暴发的洪水淹没的生命危险。

作为班长，刘光浩的身上时时表现出一种一不怕苦、二不怕死的顽强精神。他以身作则，遇到难活儿和危险他总是冲在最前面。有一次，因为渠道严重堵塞，刘光浩和工人们顾不上吃饭迅速进入抢修。刘光浩一面命人关闭前方闸门，一面就要下入暗渠。一些比较年轻的同志主动请求下渠，刘光浩说："我个子小，钻渠道抢修方便，而且对渠道情况熟悉。"说着说着，他就将一根绳子拴在一只脚上，对同志们说道："我下去后，往前一步就松一下绳子，如遇有情况我就拽绳子，你们就往后拖绳子。"在阴暗狭窄的渠水里，刘光浩慢慢移动着自己浸泡在水里的身子，在艰难地前行了 100 多米时，他终于找到了渠道堵塞的障碍物——几块石头与一个水桶。刘光浩伏着身体，将石块一一装入水桶，一手拽紧水桶，一手一下一下地拉绳，向外面的工友发出信号。外面的工友就全力拖拉。绳子拖着刘光浩，刘光浩又使劲拖着水桶，跌跌撞撞地挪着，挪着，终于爬出了渠道。同志们看到班长的衣服被挂得满是一道道口子，他的肚子上及脊背上都被划出好多伤痕，还渗出了血。大家赶紧给他擦拭伤口，披上干净衣服。而刘光浩觉得没事一样地对大家说：只要渠道障碍排除了，正常通水了，不影响油田生产比什么都强，个人受点皮肉之苦真不算啥。同志们无不被班长的吃苦耐劳精神所感动，在以后钻渠时都你争我抢地不甘落后。

1972 年 5 月，白克水渠（白杨河水库至克拉玛依，流经整个白碱滩地区）竣工通水，水渠全长 72.2 千米。刘光浩和水渠维护班肩上的担子更重了。多年来，刘光浩和他的水渠维护班一门心思地扑在百克暗渠和白克水渠两条渠道的维护检修上，无论白天还是黑夜，一有险情就第一时间进入抢修。那时条件差、困难多，没有汽车，到渠道工作全凭两条腿两只脚。刘光浩一年中，夏天时穿一双解放牌胶鞋，踩着脚下滚烫的石子或沙土一走就是几十里；冬天时穿一双又硬又笨的大头皮鞋，双脚生出了冻疮，刘光浩一年里磨破的鞋子有二三十双。在短短的5年时间，刘光浩在百克暗渠和白克水渠渠道步行巡渠、检查维护修缮两条渠道达两万多公里，在地下暗渠蹚水爬行检查排险达400多公里，他把自己的青春与心血都贡献给了百里渠道。

刘光浩在担任水渠维护班班长那几年，正是国家三年困难时期。那时，刘光浩正值20多岁的小伙，每天干的都是日行百里的体力活，饭量也特别大。但是，粮食紧缺、没有肉食，蔬菜也是常常断顿。一到闲下来时，大家伙就掏出馍票点起数来，以此计划每顿饭的定量，不然到了月底就没饭吃了。刘光浩就怕点馍票，因为每月刚已过半他的馍票就捉襟见肘了，由于吃不饱肚子，他一歇工就感到很是饥饿，浑身无力。他不止一次地说："我在梦中多次梦见树上长馒头，我不停地吃，到了天亮，睁开双眼才看见枕头上流的都是口水。"

班上有一名维吾尔族青年，黑黝黝的皮肤，个头不高，身体敦实。他平时话不多，心眼儿好，他的名字叫斯拉木。斯拉木每每看到胃口好、饭量大的刘班长常常吃不饱饭，心里着实很难受，就心疼地对大家伙说："班长干活儿最多，最辛苦，可天天肚子挨饿，让人心里难受。"斯拉木不光这样说，后来每到开饭时，他就让出自己一份饭给刘光浩吃，或者把自己省下来的馍票硬塞给刘光浩。一次两次还可以，时间长了次数多了刘光浩就不肯接收了。斯拉木就说自己胃痛，吃不多。刘光浩心里清楚，斯拉木是在撒谎。但斯拉木他是打心眼里让自己不挨饿，才执意把自己的口粮让出来。刘光浩十分感动，他含着泪，哽咽着咽下了斯拉木送给自己的苞谷面饼。

在这之后，刘光浩的班上又分来了吾普尔、斯地克、肉孜扎克等少数民族同志。一直以来，刘光浩和班上的几名少数民族同志在工作上互相帮助，在生活上互相关心，感受着各族群众之间浓浓的亲情。那时，职工们住的条件很差，睡的是地铺，几十个人挤在一间土房里。刘光浩见几个少数民族同志的被子比较薄，就亲自专门为他们搭起了木床。班长的关心与集体的温暖感动了新来的少数民族同志，他们把满腔的热情与干劲倾注在工作中。肉孜扎克是个维护工，他起初不适应那种艰苦的环境，工作上很消极。班长刘光浩就主动接近他，和他一道进行渠道维护工作，并手把手地教他维护渠道及砌水泥板等具体活儿，在他的言传身教下，肉孜扎克转变进步得很快，也不怕吃苦不怕干重体力活了。在一次渠道抢修中，肉孜扎克和刘光浩一道光着膀子扛运了上百块重几十公斤的大石头，石头尖划破了他的脊背，脊背上留下了一道道血痕，大家劝他多休息一会儿，但他却说："这么好的班长带头干，为我们做出了榜样，我越干越有劲！"

刘光浩所带的班一次又一次出色地完成了上级安排的突击性任务，成了一个敢打硬仗能打恶仗的尖子班，因此获得"自治区先进班组"殊荣，刘光浩也荣获"全国石油战线标兵"等称号。

△作者曾任新疆油田公司供水公司（现克拉玛依市水务公司）宣传科科长，高级政工师。

戎装变工装一心为石油

魏军恒　刘志江

多年前，戴锡寒曾说：我受党教育培养几十年，现在建设四化正是用人之际，党和人民给了我很高的荣誉和待遇，我不为党工作，不为四化作出一点贡献，问心有愧，对不起党和人民。

意志坚定“铸品格”

17 岁那年，戴锡寒参军入伍，军营生活既新鲜又紧张，他很快就适应了节奏。每当他身着军服，头戴红五星帽徽的解放帽，衣领佩戴着红领章，腰间扎上帆布武装带，站在军容镜前的那一刻，都会深刻体会作为一名中国军人的威武与自豪。

虽然只读过两年书，但戴锡寒深知一名军人肩上的责任，在部队他虚心学习，一门心思专注做事，从不挑肥拣瘦，坚决服从指挥，还时常开导身边战友，帮助他们进步。由于表现出色，成绩突出，他从警卫员成长为班长、排长。曾被评为“五好战士”，获军功章 1 枚、解放勋章 1 枚，并立三等功。

1950 年 10 月，应组织号召，戴锡寒奔赴朝鲜战场。记得那是五次战役敌人反扑，情况十分紧急，随时有生命危险，但他与战友英勇无畏、立场坚定、服从指挥，与敌人浴血奋战，突破包围。在没有粮食、没有水，只能挖野菜充饥的情况下，思想毫不动摇，鼓励身边战友坚定必胜信念，为战役的最终胜利起到积极作用。

经过战争的考验，戴锡寒不仅练就了一身过硬本领，还磨炼出军人“敢打敢拼、不怕苦、不怕死”的坚强意志和品格，成为干好一切工作，攻克一切难关的坚强思想保障。

埋头苦干“砺初心”

作为老一辈石油人，戴锡寒是历史的亲历者，也是见证者。刚刚成立的新中国百废待兴，石油成为共和国急需的工业“血液”。1958年，戴锡寒和战友响应国家号召，卸下领章和帽徽，深情地敬上了最后一个军礼，从此告别为之战斗生活的军营，随部队转业来到新疆油田，为祖国“四化”建设添砖加瓦，贡献力量。

初来乍到，周围的一切对戴锡寒来说既陌生又新奇，一切都要从头开始学起。怀揣着“我为祖国献石油”的理想，他坚定信念、埋头苦干，继续发扬部队革命传统，在工作中干一行、爱一行，高质量、高标准完成各项工作任务。

当年新疆的冬天最低气温达零下40多摄氏度，条件极其艰苦，各项设施、资源都十分匮乏。有一年冬天，为了确保修井进度和质量，作为指导员的戴锡寒坚守在现场指挥，有活儿大家一起干，有事大家一起扛。当看到不安全或消极怠工的行为，他会及时提醒、劝导。寒冷的天气、呼啸的北风，时间久了，手脚麻木了，脚步也挪不动了，他就在原地跺脚搓手，热热身子。为了确保现场人员安全，不被冻伤，他便指挥大家到安全区域，轮流换班休息，烤火取暖，但唯独忘了自己，由于长时间坚守在现场，回到家才发现手脚已经冻伤了，那段时间拿东西手都使不上劲儿，走路也是一瘸一拐的，过了很长时间才恢复过来。

1962 年 11 月，戴锡寒患肝炎，住院治疗期间，病情还未痊愈，心系工作的他，就又回到工作岗位，投入到工作当中。1963 年 5 月，病情发展到第三期，每天都要吃药打针，主治大夫还要给他进行全身检查，但他依然带病坚持工作。有一天，已经很晚了，还在开会的戴锡寒，突然昏倒在现场，同事们吓坏了，赶紧将他送到医院，并通知了家人。医生检查后，劝他继续住院调理，他一个劲儿地摇头，根本不听劝，打针输液完，已是凌晨，病情稍好一点，第二天一早，他又照常上班。

戴锡寒在作动员讲话

戴锡寒说，我是一名军人，不怕死、不怕苦、更不怕累，但就怕革命工作拖后腿，愧对曾经的那一身军装。

当兵的人，从步入军营的那一刻起就已把责任心牢牢印在脑海中。1963 年 8 月 25 日晚，正准备上床休息的戴锡寒，突然接到 2502 井“提升吊环绳套断裂、油管卡住”的消息，情况危急，他脑海中只有一个念头，不能影响工作进度，更不能让国家财产遭受损失。他快速穿上衣服，立即组织人员，带头冒雨跑到井上，上气不接下气的他来不及多想，便投入到抢险工作中，经过两个小时的苦战，故障被排除了。奋战在现场的每一个人身上脸上都被油泥、雨水和汗水遮挡，无法分辨出谁是谁，但彼此相视而笑，定格下老一辈石油人为油而战的难忘瞬间。

由于戴锡寒常年带病坚持工作，身体状况一天不如一天。身体是革命的本钱，领导看在眼里，但这么多年，早已领教了他的拗脾气，便给了他一张“营养证”，要求他吃“营养食堂”增加营养，但他却把“营养证”给了刚出院的病号，坚决不搞特殊化。月底，由于病情恶化，医生要求戴锡寒马上住院，但他却坚持要求到工地治疗，根本不容商量，医生拗不过他，勉强把他介绍到工地卫生所，满足了他边工作边治疗的要求。

当时在生产生活极度困难的情况下，戴锡寒身为指导员，秉承军人光荣传统，时刻以一名党员的标准严格要求自己，以身作则，带领大家出色地完成各项工作任务，创造了一流业绩和团队。1963 年，他所在的新疆油田处修井二队被评为石油部标杆队，他本人获新疆石油管理局标兵指导员和自治区劳动模范荣誉称号。

知难而上“践使命”

岁月如一指流沙，缓缓在指尖中流淌。工作地点、工作单位以及周围同事的不断变换，戴锡寒依旧初心不改，努力提高思想觉悟，培养年轻干部，积极发展党员，践行一名政工干部的光荣使命和责任担当。

党的十一届三中全会以来，党中央高瞻远瞩，制定了一系列方针、政策，戴锡寒把同党中央保持一致和搞好本单位的工作看成是衡量一个基层干部的重要标准。因而，针对工作中出现的新情况、新问题，他知难而上，克服年纪大、文化低的困难，挤时间阅读大量党内刊物及报纸杂志，不断充实自己，提高党性素养，为他所在的企业改革打下了坚实的基础。

在经济建设的年代，要提高经济效益人才是关键。为了改变修井大队成本亏损的被动局面，戴锡寒将年轻干部培养作为主要工作来抓，为年轻干部创造有利条件，提供大力支持，促使年轻干部才智得到充分发挥，在他的支持和培养下，一大批年轻干部走向了领导岗位，小队、大队的主要领导从年龄、文化结构上发生了很大变化，队伍素质进一步提高，为更好开展工作，提高经济效益奠定基础。1984 年以来，修井年年突破千口大关，节约成本 100 余万元。

为了做好党的组织建设工作，作为大队教导员的戴锡寒翻阅大量资料，整理成册，下发给每个支部书记，作为他们上党课的材料，也为他们搞好政治工作和发展党员提供有效帮助和支持。并通过邀请年轻人旁听党课，激发年轻人上进心，入党申请书递交人数由 1984 年的 2 人，增加到 1985 年的 32 人，提高了职工队伍政治素质，为促进生产提供有力人才保障和思想政治保障。

戴锡寒所在的大队有 400 多名员工，掌握每一个人的思想动态，确保每一个人都能在原油上产和各项工作中发挥积极作用，并不是一件容易的事情。队伍中出现消极怠工，不服从分配，干工作讲条件、讲价钱现象，他便主动深入现场了解情况。

有一次，戴锡寒去修井现场，看到大家都在忙碌着，但有个叫库尔班江的年轻小伙却在一边玩弄着蚂蚁，似乎很悠闲的样子。

“张班长，库尔班江怎么在一边闲着呢？是没给安排工作吗？”

“不是的教导员，我说不动他，干一会儿歇半天，正闹情绪呢！他说明明干了 3 个小时的活，却只给 2 个小时的工时，觉得不合理，干工作没劲。”

“库尔班江，走，跟我到值班室聊聊天。”当戴锡寒了解情况后，便走到库尔班江身边说道：小伙子，我们可是让“问题油井”恢复生产的“油井医生”，国家建设绝对有我们每一个石油工人的付出和努力，无论遇到什么困难和想不开的事情，都可以找我商量，寻找解决办法，我们共同面对、携手并进，让咱们的祖国更强大，人民更幸福！

这一谈就是大半天，连口水都顾不上喝，谈经历、谈人生、谈理想，那一刻，戴锡寒用真诚与库尔班江成为无话不谈的朋友。

经过深入的交流和耐心的沟通，库尔班江彻底敞开心扉，全面表达了内心的想法和不满，疏解了不良情绪，工作的积极性也被调动起来，脏活儿累活儿抢着干，得到周围领导和同事的认可和肯定。

回到办公室，针对员工普遍反映的任务下达不合理，工时定得有问题，戴锡寒及时与区队其他领导研究，直击问题根源，同时召集职工代表共商对策，参与单位的绩效考核，对不合理的考核细则进行完善和修订。通过一次次、一遍遍，耐心细致的谈心谈话，不厌其烦地做好每一名员工的思想工作。在他的努力下，全队员工工作积极性大幅提升，生产现场找活儿干、要活儿干，互帮互助现象也持续不断出现。

20世纪七八十年代，爱喝酒闹事、打架斗殴、讲吃讲穿的年轻人不在少数，似乎也成了后进分子的代表。戴锡寒所在的大队也有这样的年轻人，但他觉得年轻人都有犯错的时候，改了就好。在后进转先进工作中，他始终坚持“一个都不许掉队，一个都不能放弃”的原则，对这部分员工进行批评教育，组织宪法学习、开展共产主义理想教育。那段时间，他除了上班时间，下了班随便扒拉两口饭就又接着出门了，对后进分子缺点不歧视、不定义，进行诚心帮助，坚持与他们多接触、多交心，发现工作和生活中的细微变化和进步，及时进行表扬和鼓励。

世上无难事只怕有心人。戴锡寒把工作做到了点子上，用实际行动走进员工心里，用暖心话语促使后进分子思想大改观，不仅工作带头干，不怕苦、不怕累，大多数人还成了生产上的骨干，递交入团申请书，积极参加“五讲四美”活动，自觉为群众办好事，主动修车、理发，受到大家的一致好评，为后进转先进工作留下宝贵的经验。

一段岁月，波澜壮阔；一种精神，历久弥新。在新疆油田建设的征程中，凝聚着无数石油人的无私奉献和辛勤血汗，戴锡寒只是其中一位，秉承不怕苦、不怕累，一心只为祖国献石油的精神，用行动铸就忠诚，用生命践行誓言！

△作者魏军恒现为新疆油田公司采气一厂员工，作者刘志江现为新疆油田公司采气一厂高管。本文由新疆油田公司采气一厂供稿。

将信仰化作行动

24 小时守井

王延明是河北承德人，1955 年调到新疆独山子钻井处工作，5 年后就当上了钻井队队长。

那年头，没人愿意当领导，干的活儿和工人一样，工资、奖金、定粮却比工人少。

难道因为待遇差，就不干了吗？

“当然不行！”青年党员王延明斩钉截铁地说。

几个月后，他被调到采油一大队修井三队当队长。

有一年冬天，1099 井由于井底出砂严重，需要洗井。修井三队的任务就是要把井底的砂冲洗干净。

那几个月里，工人们三班倒，轮流回家休息，只有王延明在井队旁支一顶单层帐篷，24 小时在井口旁盯着。

当时，井队上没食堂，大家都自己带饭。王延明因为没回家，经常靠大伙“接济”。他不好意思老吃别人的，就这样饥一顿饱一顿，最后患上了严重的胃病。

家人因此又心疼又埋怨，但他说："为建设新中国，老一辈革命家不惜抛头颅、洒热血，而我只是饿肚子，算得了什么。"

在随后的二十多年里，从修井队长一路走到采油二厂党委书记，王延明始终兢兢业业，任劳任怨，为新中国石油工业的发展做出了贡献。

绿化"长征路"

采油二厂位于克拉玛依市白碱滩区。20 世纪 60 年代，这片重度盐碱地地表水为 0、冬夏温差超过 93 摄氏度、8 级以上狂风天气超过年均 72 天，是一望无际的荒滩戈壁。

那时的油田普通职工，但凡有机会都想往外调，年轻的职工更是索性辞职，也要"逃"出克拉玛依，退休的老职工也没几个愿意留在当地养老。

王延明眼看着自己的职工因此离开，心想：要是让白碱滩"披上"绿色外衣，大家都愿意留在克拉玛依，那该多好啊！

于是，1985 年，还没到退休年龄的王延明要求提前退休，他要在厂区周边种树。

在他的建议下，采油二厂成立了绿化工作委员会。王延明毛遂自荐担任主任及下属绿化队队长——一个没有行政级别、没有办公室、天天扛着锄头铁锹的植树人。

从那时起，他带领 40 余名职工家属，开始了绿化白碱滩的"长征"。

其实，王延明患有严重的心脏病，但为了种树，只要病情一稳定，他就往外跑——乌鲁木齐、石河子、沙湾、阿勒泰、伊犁……每到一处，他不光订购树苗花种，还细心察看当地的园林布局，讨教植树养花经验。

退休前，王延明从未回过老家。1986年，在老伴的一再催促下，他才回了一次老家河北承德。

可一回到家，他不是在家里和亲友叙旧、唠家常，而是整日上山去找花种。几天下来，他就收集了五六斤。有一次，他听人说，盐碱地种山楂树容易活，就自己掏钱，买了一大捆树苗扛回家。

在回新疆的火车上，王延明用塑料布包裹着树苗，牢牢地抱在怀里，生怕压坏；宁愿自己口渴，也要把随身带的水都浇到树苗的根上。

回到家里，老伴看到抱着树苗回家的王延明，哭笑不得。可她最是清楚，王延明就是有一股倔劲，干啥事，不达目的誓不罢休。

给垃圾场“穿上”绿装

1986年，王延明带着十几名职工家属开始在采油二厂的周围植树，当时并不被看好，因为还是缺水，整个克拉玛依市都没几棵树，也没人有种树的意识。

没水就去“偷水”。“采油二厂有生活区，白天不敢用水去浇树，等到晚上悄悄地去浇水，这可不是‘偷水’么。”王延明说。

时间一天天过去，后来有水渠经过采油二厂，王延明不再“偷水”，开始“明目张胆”地浇水，而且厂里边还给他配了5个人。

昔日不见一棵树的采油二厂成为周边的香饽饽，钻井处的同志一到傍晚就往二厂的林子里钻，回去都吵着要种树。

“钻井处没有水种树，就用生活污水。那段时间没人往那走，臭气熏天。”王延明回想起这件事情，仍觉得很有趣。

二厂周围没地种树了，王延明又打起附近垃圾场的主意，这么大块地堆垃圾太可惜了！说干就干，找来推土机把地推平，王延明和他的 5 个同事把种树的主战场转移到垃圾场。

转眼间，30 多年过去，昔日垃圾场“换上”绿装，杨树与榆树组成防风林，还种了苹果、李子、海棠果、杏子等多种果树，垃圾场也改名成为延明园，成为克拉玛依市民休闲度假的好去处。

儿子的榜样

除了隆冬季节，只要有时间，王哲民就会去延明园，种树、锄草、打理园子。因为，那是父亲王延明退休后开创的“绿色家园”。

“年轻时，父亲所有的心思都在工作上，退休后，他又一门心思搞绿化。从他身上，我看到了老一辈石油人最可贵的品质，那就是敬业和奉献。身为第二代石油人，我一定要把这些品质保留并传承下去。”说到父亲，王哲民感慨不已。

他记得，父亲刚开始种树那几年，为了节省买肥料的钱，每年开春前，父亲都会去油田计量站掏旱厕。那段时间，王延明每天回到家里，就像是掉到粪坑里刚被人捞上来一样，又馊又臭，人见人躲。

为了节约浇树用水，王延明领着家属工捡来几千米的水管旧料，然后请厂里的安装队工人们收工后帮着焊接起来，硬是建起了一条几千米长的水管线。

除了他，母亲也时常陪伴在父亲身边，每次父亲干不动了，都是母亲顶上去。长年累月，母亲也没过几天清闲日子，身体也大不如前。

一家人，为了克拉玛依的一片绿，付出了大量的艰辛与汗水。

就这样，王延明带领着家人和绿化队，仅用了 3 年时间，便将采油二厂厂区内外栽满了树。但王延明还不满足——

他要的，是有生之年在更多的地方种满绿，将幸福的事业进行到底。

“延明园”诞生

在距离采油二厂厂区西北方向约 1 公里的地方，有个垃圾场，正好是厂区的上风口。

王延明一直觉得，如果那儿的环境改变了，厂区的环境肯定能得到大的改善。

1987 年，王延明有了一个更大的目标，他要对垃圾场进行绿化改造。

自那以后，每一个或晴朗或阴冷的早晨，在采油二厂厂区西北角一条蜿蜒的小路上，总能看到一个清瘦而精干的身影——王延明手拿一把铁锹，边走边观察着路边的小树苗，不时地把倾斜的小树苗扶正，再给它培几铲土。

“要知道，在克拉玛依种活一棵树，比养活一个孩子还难！”王延明深知这一点，所以，他把每一棵树都当作孩子来养。

春夏季，他会带着工人一起，加紧植树造林。很多和他一起工作的同事都很惊讶，“王书记怎么就没有累的时候？”“我们比他年轻多了，为什么干不过他？”

殊不知，那是因为在王延明看来，他不但是党员，还曾经是领导干部，必须以身作则，不仅要做，更要做好。

后来，采油二厂党委经讨论，决定将西北角的这片绿色园子命名为“延明园”。王延明知道后，找到厂长表示坚决反对。

厂长说：“这个名字与你的名字没关系，延明园的寓意是延安精神在这里大放光明，让奋斗精神遍地开花。”王延明听罢，只好同意。

如今，这片园子还有一个诗意的名字——塞外江南。春天，人们来这里踏青；秋天，人们来这里采果，品尝曾经在自己的家乡才能够体味的丰收的喜悦。

幸福的事业

时间一晃，30 多年过去了，白碱滩的环境早已今非昔比——

厂区绿化覆盖率以每年 3% 的速度增长，树木成活率由不到 30% 提高到了 99% 以上，万棵杨树和榆树组成防风林，3000 多棵李子树开花结果，与绿色林木为伴的还有蔬菜、水稻、玉米等，花草种类都达到了 60 多个品种。白碱滩区因此成为克拉玛依市第一个达到园林城区标准的厂区。

原先浮尘弥漫的荒滩，眼下成了白碱滩居民乃至全市市民休闲度假的好去处，这在很多人看来，简直不可思议。

王延明的举动也感染了一大批克拉玛依人，越来越多的人加入到爱绿、植绿、护绿的行列中。现在，义务植树已成为克拉玛依市民的自觉行动，义务植树模范也层出不穷。党员有先锋林，团员有青年林，军地有共建林，家庭有惜缘林，百姓有防护林。全市广泛开展了认养绿地、保护古树名木等活动，市党政领导在植树期间带头义务植树已成制度。

王延明在畅谈染绿戈壁的梦想

媒体曾这样评价王延明：经过几代人的不懈奋斗，克拉玛依人创造了一个又一个奇迹，如果将戈壁变为绿洲算作“改天换地”，那么王延明的精神为我们当代和下一代人树起了一座丰碑。

昔日光秃秃的盐碱地，在王延明一生的奋斗下，如今绿树成荫，繁花争艳。对王延明来说，他不懈奋斗的过程，也是他最幸福的时光，因为靠着他的努力奋斗，他终于一步步实现了自己的心愿：让采油二厂成了职工真正的家，绿色的家，幸福的家！

△原文来自《克拉玛依日报》，本报记者屈斌、莫延兰。本文由克拉玛依日报社提供。

“铁人”式的泥浆工

张继良

1983 年夏天的一个上午，我所在的新疆石油管理局钻井二大队 32820 钻井队在白碱滩八区打井，当时我负责该井泥浆技术。当井深钻到 200 米时，发现井口有油气显示，立即引起了我的重视。

我立刻与当班司钻，还有小班泥浆工肖兵认真检测泥浆各项参数。测量结果是泥浆各项指标均符合设计要求，但井口喷涌气泡现象说明泥浆比重过轻，不能平衡地下压力，必须立即给泥浆加重。否则，很可能会引起井喷。

司钻采取了相应的钻台措施后，我们立即到泥浆池给泥浆加重。

正当工人们争分夺秒进行加重时，加重漏斗出口外一米多长的引流管线的弯头断开了，加重的泥浆直接喷向了戈壁滩，不仅起不到加重效果，反而泥浆池内的泥浆越来越少。我们迅速找来铁板阻挡泥浆冲向戈壁滩，让泥浆回流进泥浆池内。但是，从池外流进泥浆池内的重泥浆因无足够压力，只在泥浆池边上局部循环，无法和池内大量轻泥浆均匀混合。加重速度太慢，井口情况又十万火急，随时都有井喷的危险。

这时，新招来的小班泥浆工肖兵说：“我看电影上铁人王进喜跳进泥浆池用手搅拌泥浆，现在池内泥浆不多，我也跳下去搅拌。”还没等大家回过神来，肖兵一下就跳了下去，把大家都吓了一跳。因泥浆较少，液面只淹到他的胸部，他挥开两只胳膊，就像两个巨大搅拌叶片，在泥浆里快速转动，使轻重泥浆快速混合。我大声喊他：“泥浆有毒，快上来！”但我的喊声被轰轰的机器嘈杂声所淹没。他只顾来回地在泥浆池内用手搅拌。头上、脸上全是泥浆。半个多小时后，泥浆加工完毕，效果非常好。我们把肖兵从泥浆池内拉了上来，让他立即到清水罐处，把身上的泥浆清洗干净。

由于及时给泥浆加重，重新注入井内的重泥浆平衡了地下油气压力，恢复了正常生产，避免了一次井喷事故的发生。

从此，肖兵被大家称为“铁人”式的泥浆工。

△作者曾任新疆石油管理局钻井公司维修公司工人。

那年那月钻井人

玄恩生

夜夜醒来战臭虫

1978 年，我们从部队转业来到克拉玛依，分配到钻井队工作。

当时条件很艰苦，8 个人住一间低矮的老平房，4 张上下床，门窗破旧，四处通风。师傅经常教育我们，石油人特别能吃苦，特别能战斗，特别能奉献，没有克服不了的困难。

但有一点，可把钻井工人难住了，那就是宿舍臭虫成灾。宿舍是老房子，卫生差，多年来臭虫一直“横行”房顶上、砖缝间、墙皮中、床板里，无处不在。职工上井回来没法睡觉，饱受侵扰，大家的身上被咬成了一片片的红疙瘩，床单上经常有被轧死的臭虫留下的斑斑血迹……

为了对付这群顽敌，即使不是夏天，我们也搭起蚊帐，把大一点的臭虫挡在外边，可幼小的臭虫还是从蚊帐的小孔里钻进来。为抓臭虫，我们每人专门买了手电筒，朦胧中只要感觉有臭虫侵袭，立即打开手电将其生擒。

我们同室有一个战友，睡觉前准备了一个罐头瓶，他把抓到的臭虫不是当时弄死，因为那样臭气太大，而是全部装到瓶子里，待集中“枪毙”。

开始他还抓一个数一个，后来数不清了，大的像豆粒大，小的比米粒小，起床后他的罐头瓶里全是“战利品”，他被大家称为抓臭虫的头号英雄。

狂风袭来夜难熬

1979 年 4 月初的一天，一场大风袭击了克拉玛依油田。

当时，我们正在八区打井。傍晚时分，风越刮越大，为保证安全，井队长决定停止作业，各岗位立即分头行动，把钻具提到安全位置，关掉柴油机，停掉发电机设备全部放油放水，以最快的速度包好油机各种滤清器。

这时，狂风大作，沙石打到脸上疼痛难忍，大家赶紧抱头挤进值班房里，把铁门死死顶住。值班房是工人焊制的简易铁皮房，面积不足 20 平方米，门窗缝隙至少有 2 厘米，一个班十几人全都挤在里面。

渐渐地，天黑下来了，风力超过了 10 级，狂风呼啸，吹得钻塔吱吱作响。我们一个个依偎在一起，尘沙无情地灌进房内，呛得大家喘不过气来，不时发出沙哑的干咳声。

由于大风，气温骤降，值班房如同冰窖一般，冻得大家直发抖，十几个人不知不觉地拥到房内的一角。经过一夜的煎熬，风渐渐小了，当东方露出鱼肚白的时候，大家好不容易把门推开。我们浑身都是沙土，口里、眼里、鼻孔里、耳朵里都灌满了沙尘，大家相互之间几乎都认不出来了……

寒冬腊月“飘”大厢

那是1980年临近春节时，我队接到承钻夏6井的指令，井位位于夏孜盖地区，距白碱滩200多公里。

腊月的克拉玛依寒气逼人，这天送班的是一辆低厢板的日野大货车，队上提前通知大家，要尽可能多穿一些衣物，以防冻伤。

上车前，大家能往身上穿的衣服全都穿上了：内衣、棉衣棉裤、棉大衣、光板老羊皮大衣，皮手套、皮帽子、口罩、围巾、棉袜子、毡筒靴子……真是全副武装，我们一个一个像机器人似的，只有两只眼睛露在外面。

这天，近20人上班，女职工坐驾驶室里，其余全部“飘”大厢。由于厢板太低矮，站着没处抓太危险，大家只能在车厢里一个挨一个，平躺着排在一起。出发前队领导和司机说：“你们在上面感觉冻得坚持不住时就大声吼，用脚跺车厢板，我们就停下。”

汽车发动了。这样的天气，在室外站一会都冻得直哆嗦，何况躺在行进的敞车上。车轮飞转，寒风刺骨，透心冰凉。尽管穿得很厚，可手脚耳鼻脸还是冻得生疼，大家咬牙坚持，没有一个人吭声。

车子驶过百口泉慢慢停下来，司机打开车门，扒着厢板大声问大家行不行，我们都一一有了回声后，司机才放心了。车子继续前进，一进魔鬼城，路面高低不平、颠簸得很厉害，大家在车上，什么也看不见，手也不能扶，任凭颠上颠下，有时颠得好高又重重地落下来，腰椎都颠得疼痛难忍。

一路上，司机停了几次车，点了几次名。经过几个小时的颠簸，车子终于到达了目的地——184团招待所。大家浑身都麻木了，四肢失去了知觉。在场的184团招待所工作人员十分震惊和不解：这帮石油人真是胆大不怕死，坐着敞车上井，不要命了？当招待所食堂炊事员为我们端上热菜热饭时，我们那满足劲儿别提了，至今我都记忆犹新。

娃娃生在卡车上

我们在夏子街打井的那几年，井队来了一批转业军人的家属，井队打到哪里，家属就跟到哪里，住在哪里。因为当时钻井基地没有住房，转业军人爱人只能跟着井队转战南北。

一天，预产期还未到的小李爱人突然肚子疼得厉害，说要生了，队领导马上派值班司机小王，开上五十铃大卡车送小李夫妇急奔兵团医院。车子刚驶出不到20公里，小李爱人疼得坚持不住，要求停车，无奈之下只有把车停了下来。小李爱人呼天叫地，面色苍白，汗珠豆大。小李见状惊恐无措。小王虽也年轻，但有伺候媳妇月子的经历，凭他的直觉，送医院已经来不及了，而且更加危险。

人命关天，小王顾不上多想，当机立断：就地接生。他把小李喊过来当他的助手，听他指挥，驾驶室成了产房……“哇”的一声，一个小生命降生了，小李夫妇喜得千金，母女转危为安，高高兴兴地回到井队营地。孩子满月这天，小李夫妇专门举行一个“隆重”的仪式，把小王请到家里来，拜小王为女儿的干爸爸。

△作者曾任钻井公司机关干部、白碱滩书画院副院长、西部钻探书法协会会员、新疆摄影协会会员。

行业轶事

值得回顾的油田调整岁月

陈　淦

我是 1958 年 5 月分配到新疆石油管理局白碱滩钻井处 3261 钻井队进行实习的。当时一方面跟班上井劳动，一方面参与采集员的工作，此外还兼负责队上的地质工作。1960 年，克拉玛依二中区、一区和七区陆续钻完一次开发井并投入了全面生产，当年 10 月，为适应油田大规模开发的形势，矿区油田处的三个采油大队分别升级为采油一、二、三厂。采油一厂主要辖二中区，采油二厂主要辖七区，采油三厂则主要辖一区。为了充实和加强各采油厂的地质力量，我从钻井处调到了采油三厂，在采油四区队任地质员。

克拉玛依油田一、二、七区的开发方案在编制前，由于勘探工作不细致，钻井取岩心工作比较薄弱；又由于对取资料的重要性认识不足，同时囿于当时的认识水平和研究水平，对于油田情况，尤其是储集层情况，掌握不够深入，认识没有完全到位。当时把具有严重非均质的砾岩储集层作为比较均质的砂岩储集层来对待，所以 3 个区的开发方案都表现为清一色的“行列注水”方案。

在一、二、七区的一次开发井陆续完钻并投入生产后，由于各区油层的压力系数都比较高，采油井均能自喷，这是很可喜的。但是，又由于各区饱和压力基本上都等于原始油层压力，油井投产后，注水没有跟上，油层压力下降快，油井产量递减快，气油比上升快，不利的生产形势很快就出现了。在各区的注水井陆续投注以后，注水井排上预期的“水线”并没有顺利地“拉”成，而在垂直并排的方向上，有的采油井却出现了不正常的见水情况，即人们常说的水窜和暴性水淹。当然，还有不少预期应见到注水效果的油井，在动态上迟迟没有见到反应。至此，由于油层形态上以及岩石物性上强烈非均质特征所导致的必然反应一一暴露出来，而开发方案中开发层序与井网部署的不适应性，则使开发形势每况愈下，并且影响到全局生产任务的完成。

一（中、西）、二（中）、七（东）区的油田开发实践，使人们认识到，油田开发工作必须从实际出发，狠抓基础工作，重新认识油层，把注水工作做好，这样才能扭转被动局面。就在这时，石油部提出了我们的“工作岗位在地下，斗争对象是油层”，还提出了“早期注水，保持油层压力”，以及“压力是灵魂”等具有指导意义的口号。于是，油田开发的调整工作开始酝酿。在勘探阶段没有得到的认识，等于我们失掉了最重要的一课，这一课必须尽快补上。从 1961 年到 1964 年，我们在油田上钻了资料井和检查井共 124 口，共计取大直径岩心 1.5 万米以上，分析岩心样品 3.6 万米块以上，进行了 100 万米（次）以上的地层对比。从储集层入手，以储集层的形态、分布、连续性（成片状况）、岩性、物性为核心，一直到油藏的构造、沉积、流体性质与分布、压力系统等等，油藏研究工作全面展开。有了对油藏的正确认识，开发方案的调整才算有了坚实的基础。我们认识到，克拉玛依油田是砾岩油田，它具有比砂岩储集层更复杂的结构，它的沉积环境属于山麓洪积相，而洪积相水动力的不稳定性，造成了相带的急变性和分布的有限性，这正是它比砂岩油层更加非均质的控制因素。当时，对于砂砾岩体的不连续不成大片的分布状态，有个通俗而形象的说法，叫作“窝窝状堆积”或“窝窝状分布”。我们还认识到，三叠系的克上组和克下组，无论从沉积环境上、油层岩性、物性上、流体性质上，还是压力系统上，都有较大的差异，各成系统，而且它们在垂向上存在相当大的跨度。

1963 ~ 1965 年，一区、二区和七区进行了开发层系、开发井网和注采系统的全面综合调整。二中区和七区当时开发的是克下组，调整的主要是在行列注水的基础上增加一些点状注水井点，工作量相对不大。一区调整的工作量最大，这个区首先进行的是开发层系的调整，把原来的一套开发层系（包括克上组和克下组）分成两套开发层系，把一套井网改造成两套井网；其次是把两排注水井夹三排采油井的“行列注水”井网改造成“面积注水井网”，而且从油藏实际出发，采用不相等的注采井距，形成不规则井网；最后是狠抓注水，从油藏动态以及油井需要出发，实行严格的配注。

一区是采油三厂的辖区，一区的油田开发调整，采用了会战的形式。我作为采油四区队的地质员，在这场会战中，学到了许多在学校没有学过、在书本中也学不到的东西。围绕一区的开发调整会战，全局开展了大规模的群众性油藏油井分析活动，对搞清油层油井动态、探索地下油水运动状态和规律，起到了积极的推动作用。当时，各采油区队还以注水井组为中心，普遍开展了小层动态计算活动，计算水驱前缘的位置以及预测各油井的见水时间。油田上从工人中涌现了大批油井分析能手。

一区的调整取得了比较好的效果，调整后，注水见效井从 53 口迅速增加到 137 口，有效注水量从 59% 提高到 98.5%，采油速度达到预期的 2.5% 以上，油藏的稳产基础得到了保证，油田递减得到了有效控制，油井的油气比普遍下降。克拉玛依油田 1964 年年产原油 90 多万吨，1965 年增加到 97.3 万吨，而 1966 年则提高到 119.65 万吨，产量一路上坡，实现了原油年产量突破100万吨的目标，这里面油田开发的调整，功不可没。

在油田开发的调整过程中，无论是工程技术人员还是广大工人，都得到了极大的锻炼。采油队伍的认识水平、操作技术、管理能力都得到了全面的提高。当时的生活条件很艰苦，采油队住在地窝子里，没有收音机，听不到广播，更没有电视可看，不仅没有什么娱乐，连洗澡也很困难。当时的采油站也大多是地窝子，而且大部分没有电灯，夜里只点个自制的小煤油灯。工作条件也很简陋，小层动态计算，主要的工具是算盘，虽然有计算尺，但计算尺最多只能读出4位，远不能满足油藏动态计算的需要，最终还是靠算盘上阵。在各采油队，采油工清蜡时，是两个人抬绞车，一个人扛防喷管，满油田转悠。因为当时强调干部参加劳动，这类活儿，我也没少干。无论是生活上还是工作上，就条件而言，今昔对比，确有天壤之别。

在油田开发的调整过程中，研究所以及局、厂、队的地质工作者发挥了重要作用，但是地质工作者感到一切成绩上归功于党，下归功于职工群众。那时我很年轻，和大多数工人年龄相仿，关系十分融洽，一块吃、一块干、一块玩，没有任何隔阂，做到了水乳交融，打成一片。在近20年以后的岁月里，作为回忆，我曾写了不少诗，歌颂钻井工，歌颂采油工，歌颂修井工，歌颂劳动在第一线的各类普通劳动者。在我的思想深处，有一种强烈的情绪：肯定他们就是肯定我自己。

油田开发调整过程告诉我们，油藏作为一个系统，我们对它的认识必须从分析它的结构入手。它是一个“东西”，但又不能简单地看成是“铁板一块”的东西。它是由许多不同的“构件”组成的，了解它的结构，是了解它内部物质、能量和信息运动与交换的基础。油田开发过程，就是物质、能量与信息的运动过程和交换过程，而物质的运动、能量的交换和信息的传递，都具有一定的连续性。一般来说，凡具有一定连续性的运动，都有很强的规律性，发现这些规律，并且很好地加以利用，正是我们的工作。如果找不到规律，那不是学习不够，就是研究工作不到家。回顾克拉玛依油田的调整过程，我觉得，这对于我们更深刻地理解认识论与方法论方面，同样有着重要意义。

△作者曾任新疆石油管理局矿建处主任工程师。原文来自《60年代国民经济调整时期的克拉玛依油田》一书。

我在“硬骨头钻井队”打井

侯红丽

今年 80 岁的张德智 1966 年大学毕业，学的是钻井专业。

他说：我一个农民子弟，祖上七八代也没出过有学问的人，能上大学是托了共产党和毛主席的福，所以哪里有石油哪里就是我的家，哪里艰苦就到哪里去，祖国的需要就是我的志愿，毕业以后我就来到了克拉玛依。

克拉玛依是中华人民共和国成立后发现的第一个大油田，他毕业的时候，正逢“文化大革命”开始，虽然分配了但来不了克拉玛依，只好在学校又等了一年。每个月发 46 块钱的工资，一直到 1967 年 3 月才来到克拉玛依 1279 钻井队。

来到钻井队有了工作，但是他发现志愿、抱负与实际差距很大，管理局分成了两派，一派坚持开钻，一派坚持停钻。他所在的 1279 钻井队坚持进行生产，就在二中区、四二区打井。

整个区块七八个井队只有 2 辆送班车，还都是卡车，夏天太阳晒着，冬天穿着老羊皮。有时候没有车坐怎么办？只有走路上井。

井队搬家也没有像样的吊车，全管理局最大只有 10 吨的吊车，还是中苏合作后剩下的。没有吊车，卸钻杆、卸套管都是人抬肩扛的，4

个人合作，2 个人抬一头，就这样从车上往下卸。

当时张德智所在的 1279 钻井队是第 2 名，第 1 名是 1284 钻井队。四五百米深的井，一开始每个月“三开三完”，后来能达到“五开五完”。他是技术员，忙得要死，完井了连井史都来不及写，只能等第二口开钻了再找时间写。

生活也比较困难，米面油、糖盐肉，所有东西都凭票，一半细粮一半苞谷面儿，实际上每天上班带的都是苞谷面发糕。冬天去上班时放在怀里揣着热乎乎的，到吃的时候就像冰疙瘩一样，放在炉子上一烤，外头是煳的，里头还是冰块，也就那样吃。

1974 年，新疆石油管理局要搞深井勘探，成立了 5014 钻井队。抽调了 75 名技术上、思想上最好的职工，由汉族、满族、蒙古族、回族、藏族、维吾尔族、哈萨克族 7 个民族组成。这 75 个人里有 3 人是老红军的子女，还有 1 位是梁启超的孙子梁国璋（音），他是地质员，张德智是钻井工程师。

5014 钻井队的井架子，是康世恩任石油工业部部长的时候进口的 15 台钻机之一，从 1964 年进口到克拉玛依放了 10 年。启动的时候，没有资料，也没有技术，也很少有人懂外文，他们用了 40 天把架子整理出来，又用 145 辆车拉到现场。

全管理局只有 1 台 40 吨的吊车，泥浆泵、柴油机、绞车都很重，一个吊车吊不动，就用两个吊车抬。到了井上不好卸，就推一个土坡，把车开过去，再挂上拖拉机把设备拉下来。

在当时特别困难的时候，为了钻井生产不停，钻井队自己开起了食堂，以保证工人正常吃饭。当时在没有一部钻机坚持生产的情况下，5014 钻井队硬是顶住了逆流，没有停钻。当时，5014 钻井队打的进尺虽然不多，但是其重要的历史意义在于，没有让新疆石油钻井在这段历史中留下进尺为零的空白。

5014 钻井队作钻前动员准备

过去钻井队打井只停留在 2500 ~ 3000 米，5014 钻井队第一口井打了 3648 米，创造了一种精神。1975 年被石油部授予了“硬骨头钻井队”称号，也培养了一大批技术人员，从 1 个队变成 3 个队，分别接了 4000 米、5000 米和 6000 米的井架，为全局深井勘探打下了技术基础。

1980 年，钻井处开展夏子街会战，张德智到了三大队，会战比较困难，17 个队有 14 个出了事故，有的事故一年都没有处理完。

他管全盘技术，每天跑陆梁、跑石西，到井上了解情况。早晨出发，深夜两三点才能回到乌尔禾基地，满身沙土，像泥人一样，一个月回家一两次。最后，没用三个月，14 口事故井全部处理完了，恢复了正常生产。

以至于后来三大队在全处五个钻井大队里面，进尺最高，速度最快又安全，还发现了几个区块。其中在风城打了几口稠油井，发现了 3.5 亿吨的储量。

张德智说，三大队成了全处的标杆钻井大队，也培养了好多干部，凡是在那儿当司钻的，当技术员的，后来大多成了管理局和钻井处的主要干部。

△作者现任中国石油西部钻探克拉玛依钻井公司党委办公室宣传员。

那些年关于水的故事

韩文辉

1955年10月，中华人民共和国成立后的第一个油田——克拉玛依油田诞生了。当年开发克拉玛依油田的战场刚刚摆开，我就是这年5月来到克拉玛依的。

排队喝水

我一到克拉玛依，首先感受到的是干渴的威胁。汽车顶着烈日在坎坷不平的路上奔波了大半天，早已口干舌燥得难以忍耐。一下车我就跑去找水喝。按照指点的方向，我很快就找到了水房。这名为开水房的地方，却没有房子的踪迹，只在一块戈壁砾石地上修了个大锅台，锅台上架着4口大锅。炉膛里烈火熊熊，锅里水才开始冒热气。锅台旁边有几十个手拿碗筷的同志排了一列长队。排队的显然是吃罢饭等水喝。在炎热的大戈壁上，吃罢饭排队等水喝，这可是个问题啊！我顿时有点紧张了。我把目光投向排队者的脸上。我想象中他们一定是满脸的焦躁和埋怨，甚至是怒气冲冲。然而我看到的却是另一种情况，他们有的平静地闲谈着，有的热烈地争论着克拉玛依的含油远景。每个人的神态都很自然，洋溢着喜悦，看不到烦躁，看不到怨气。这情景给人的感觉是排队等水喝是正常现象，是合情合理，没有必要埋怨谁。我感到自己刚才的担忧和紧张完全是多余的了。

分水

在开水房旁边的空地上，坐着几十名风尘仆仆的男女青年，看样子是刚从南方来的。他们互相谈着、笑着、打闹着。有人突然向一位姑娘发动攻势，点名呼喊她唱歌，全场的人也一齐呼应，鼓掌欢迎。姑娘十八九岁，看到众意难违，也就大大方方站了起来。她唱第一支歌是《新疆好》。这首歌我过去已听过千百遍，但今天我听着特别悦耳。她那洪亮的声音，真挚的感情，给我留下了深刻的印象。站在荒漠的戈壁上，忍耐着饥渴，充满感情一字一句唱出“我们新疆好地方，天山南北好风光……”真令人感动。歌声一落，立即博得一片“要得！再来一个”的喝彩声。听口音，大概他们都是来自天府之国四川的。正当这伙青年闹得不可开交的时候，有两大锅水烧开了。一个手拿舀子的同志开始分水。不管是拿碗的还是端盆的，每人一勺水，分到水的同志，有的蹲在地上香甜地喝着，有的端着走了，有的喝了半碗，把剩余的装进水壶里。排队的没有一个人要求要两勺水的。看到这情景，我的心情很不平静，眼眶也情不自禁地湿润了，只觉得舌不燥了，口也不干了，我决定回身去联系住处。当时的领导机构叫黑油山勘探指挥部。指挥部同志对我作了最大的照顾，安排在指挥部招待所。这个招待所设在20多平方米的地窝子里，里面放着五六张双人床。由于有刚才开水房那个感人场面对我的感染和教育，尽管这个招待所简陋得没有桌凳、没有暖水瓶、没有电灯，但我却十分满意，我深深感到，在这里要是有任何过分的要求，都会受到良心的责备，都会同石油工人艰苦奋斗创业的品德不相称。

机器设备需要水

过去小打小闹的时候，虽然很艰苦，但矛盾不多，现在摊子越铺越大，这当然是兴旺发达的好事，但难题确实不少。最紧张的仍然是水。钻井队一上阵，就要供给它大量的水，动力设备冷却需要水，钻井需要水来制作泥浆。每部钻机每天需要多少水，我记不清了，反正数量不会少于几吨。运水汽车尽管不断增加，但由于路远、路况很坏，水仍供不应求，有的井队不得不停钻待水。停钻待水，今天看来这是合理和应该的小事，但在当时却是一件极为恼人的大事。那时候钻井队同志一上阵，恨不得一天就打成一口井，让原油从地层喷出来，如果让他停钻休息，他们就到处呼吁、恳求，甚至会急得哭起来。每当哪个井队快要断水的时候，井队上的同志那种焦急不安的样子，就像一场暴风后父母妻儿站在海岸上，等待捕鱼归来的亲人一样忐忑不安。他们不时翘首遥望远方，希望戈壁尽头很快出现运水汽车。他们急欲为国家找出油来的心情，实在令人崇敬。有一次我碰到一个井队断水了，柴油机因无水冷却已开始发烫，但他们却不愿意关机停钻，一位工人把自己水壶里的饮水一点一滴往柴油机上洒。水壶里的水洒完了，运水汽车还没有到。这时，几个同志用自己的小便来冷却柴油机，一直坚持到汽车把水送到井上。当汽车驶进井场时，同志们为自己没有停钻的胜利高兴得欢呼起来。有一天我在钻井处汇报会上听到了这样的情况：有天下午，一个井队断水后，突然下了一阵暴雨。井队的同志一齐出动，有的提着水桶，有的端着脸盆，到井场附近的坑坑洼洼收集雨水。然后开动机器继续钻井。这些事现在听起来，可能有人不会相信，然而这却是千真万确的事实。

水给我留下的印象太深了，一提到它，往事就从记忆的闸门涌了出来。

2号井水喷

广阔的克拉玛依，没有涓滴地面水，然而地层深处却藏着大量地下水。这种异常现象常常给钻井工作造成困难。克拉玛依第2口探井就是由于碰上了地下的高压水层，使井队上的同志吃尽了苦头。这年1月，当钻头伸进地层几百米之后，2号井突然发生喷水现象。地下水顺着钻杆呼啸而出，喷出地面几十米高。当时正是滴水成冰的严寒季节，夹带泥沙的地下水喷到井架上，顿时结成一层冰，冰层越结越厚，几个小时之后，井架变成几十米高的冰塔。这个猝不及防的井喷发生后，井队的职工当即冒着刺骨的冰水，打洞钻到井台下去关闸门。井口喷出来的沙石和冰水打得他们睁不开眼，暴雨般的泥水劈头盖脸往身上浇。但他们毫不惧怕，也不畏缩。第一批上去关不住，第二批马上上去替换。他们忍着严寒，忍着刺骨的冻水，忍着泥沙的冲打，反复轮换上去搏斗，终因地下压力太大而未能关住。第二天，钻井处马骥祥从独山子赶到现场。他来时带了好多瓶酒。他打开酒瓶让大家先喝几口暖暖心。然后在地窝子里分析情况，商量办法。马骥祥把人力编了组，分组轮换，他亲自参加和指挥。上阵前先饮几口酒，以便增强抵御严寒和冰水的力量。酒给大家增添了热力，也增加了力气。经过几天的搏斗，喷水制止了。可是，由于水带着大量泥沙喷出地面，冲坏了井壁。

使这口井无法继续钻了。井虽然中途报废，但同志们奋不顾身、忍受着严寒和冰水战斗了几个日日夜夜的精神，至今还在石油战线传颂着。

克拉玛依矿史陈列馆有一张引人注目的巨幅照片：十多个头戴安全帽，身着雨衣，满身披着冰块的人就是抢救 2 号井井喷的同志们。这里面有工人，也有井队长和指导员，钻井处马骥祥也在其中，他们身上的冰块同工人一样多。这是一张珍贵而又感人的照片，是克拉玛依人当年艰苦创业的象征。

水，油田的生命

初上克拉玛依所遇到的第一个大问题就是水的问题，人要喝水，工程要用水，水是油田的生命。可是茫茫戈壁哪里有水？我们在西北一个小山沟里的红柳丛中找到了一点水。水是绿色的，水里游着密密麻麻的小红虫，食用吧，怕中毒；不用吧，哪能舍得。万般无奈，只好冒险加温试用。饮后大家均感到肚子疼，有的恶心呕吐，有的拉肚子。这时打字员刘丁雁（黑油山第二个女同志）和司机提上水桶，拿上床单到成吉思汗山深沟的阴坡面将未化完的积雪挖回来化水饮用，换了水肚子很快就不疼了。一位前苏联钻井专家由独山子回来，叫同志们到他的屋子里（木板房）去干杯，大家还以为专家请喝酒呢，只见他笑嘻嘻地拿出七八瓶清澈透明的凉水。大家非常高兴，多么希望能尽情地痛饮一顿，但水少人多，又都互相谦让，只能慢慢喝上几口，以品尝水的甘美。饮水思源，人们又纷纷议论起来，最后决心向更远的地方找水，老司机张良开上拉水车，测试工张历生带上一支枪（防狼又打猎）和一把铁锹，在离住地四五十公里的东、南、西三边来往穿梭数次，踏过数十公里的沙漠戈壁，穿过无数梭梭柴林，车一次次被陷住，一个又一个的沙丘得垫上梭梭柴才能通过，虽历尽千辛万苦，但没有找到一点水，只是发现了不少的黄羊群、野鸡、野兔等。没有水人怎么生活，井怎么打呀！真使人着急！司机张良说："听说小拐有军垦农场，不妨派人去试试看。"第二天早上，派了2名工人带着一个水车试探性向小拐方向开去。7月天，炎热似火，当车开到离红山嘴不远的地方，水箱开锅，怎么办？回去吧，不加水是不能再开车了，几个人就侥幸等在路边，等路过的车来救，可是等了几个小时连个车影也未等着。水箱剩下的一点水也喝光了，再等下去，就更危险。他们决定让司机留下看车，两个工人赶回去报告。他们急行了40公里戈壁滩，下午4点多钟才赶到了住地。一进房门，没有说出一句话就晕倒了。有的同志说："赶快拿水来。"当灌完一大碗水，休息了一会儿后，他们才慢慢地清醒过来。他们开口第一句话就是我们没有完成任务。大家让他们慢慢说，这才说清是汽车水箱没有水了，停在红山嘴附近。这时大家着急了，今天拉不回水，明天全体同志只能吃炒面了！面临无水的危急，干部、工人争相要求去救人拉水。五六个同志争先上了一部卡车，带了两大桶水出发了。在晚上11点钟左右，他们终于找到了小拐军垦农场。当工人们说明了急需用水的来意后，军垦战士们深受感动，立即拿上水桶，领到水池旁，一桶桶清透的水很快装满了一车（三立方米），星夜赶回了住地。大家非常兴奋，不仅仅是拉回了水，更重要的是找到了水源。

黑油山的水在当时比粮食还宝贵，对在独山子用惯了自来水的人是很大的约束。但大家都很自觉，非常注意节约，每人都能做到一水四用（即洗脸、洗脚、洗衣、洒地），从不浪费一滴水。从农场拉水只能解决短暂的用水问题，要根本解决问题，还得继续找水。在离驻地120公里的白杨河找到了较好的水源，但距离太远，又用钻机打地下水。打了多口井均为硫化氢含量很高的水，不过这样也就解决了工程用水的问题。生活用水只有从100公里以外的地方去拉，直到1956年下半年由于自治区领导的关心，决定放弃部分农业，保证油田勘探工作，从玛纳斯河上游几百公里的地方，放下水来，用30公里管线从中拐打入矿区，才初步解决了用水的问题。

△作者曾任新华社新疆分社记者、采编主任、副社长，新疆记者协会副主席。本文于1983年3月写于乌鲁木齐。

△最后一则《水，油田的生命》选自马骥祥的《油田开发初期的日日夜夜》。

动力十年

袁克勇

1963年8月，我被分配到炼油厂工作。1968年9月，我调到动力车间。当时作为炼油厂辅助装置动力车间的主要任务是给全厂生产装置提供蒸汽、新水。我到动力车间后，先是参加倒班，学习锅炉操作技术，手动控制锅炉水位、调火保持锅炉压力、排污控制炉水碱度，夜班用高压蒸汽吹扫锅炉烟管，保持受热面清洁以维护锅炉较高的热效率。仅用十几天的时间，我就掌握了这些工作。接下来，我又学习了锅炉水处理的操作和锅炉供水、供油岗位的操作。上大学时，我是学化工机械专业的，对于锅炉方面的专业知识仅在“热工学”课程里接触了些有关锅炉传热原理等知识，

我意识到，对于锅炉这门专业性很强的专业，我缺的很多，必须尽快补上这一课。为此，我除了熟读当时劳动部教育司印发的司炉工读本外，还从机动科冀维荣、宫贞那里借来相关的专业书籍进行学习，将重要部分摘抄下来，并结合实际，对一些数据重新演算。每天的工作学习时间不下13个小时，这些学习与实践对我帮助很大，并为我后来进行锅炉结构的局部改造、锅炉发气量的提高等工作打下了坚实的基础。在动力车间工作近4个月后，我对车间的设备也摸熟了，同时

也发现了一些存在的问题。在车间生产会上，我提出搞锅炉自动上水的改造设想，得到了大家的支持。于是，我设计画图，钳工班的李金保、庄培福等负责制作安装，不出一个月，10 台锅炉的自动上水改造工作就搞好了，没有花一分钱外购材料，全部自己动手制作。那个时期，自力更生是唯一的出路。这项革新的成功不仅减少了司炉工 50% 的工作量，还大大降低了因烧干锅造成事故的发生率，锅炉的安全生产得到了很大的提高。在经过长期、可靠的运行后，我们还将司炉工的岗位人数减少了 40% 左右，提高了生产效率。

当时，供气量紧张是制约全厂生产的主要瓶颈。由于供气紧张，一到冬天，我们就不得不停掉几套生产装置，当时的状况是，能保住装置不冻就不错了。为了改变这种现状，机动科一面向局里打报告申请锅炉设备，一面组织我们在老锅炉上想办法。当时在用的锅炉是 10 台火山牌锅炉，每台出气量 2.8 吨 / 时，总共才 28 吨 / 时。这种锅炉是对流传热式烟管锅炉，炉膛里没有受热面，这是改造的突破口。机动科冀维荣是学锅炉的专业工程师，锅炉本体改造的计算、设计工作由他担当，炉膛改造的计算、设计与炼油加热炉相近，属于我的专业，分给我做，改造对象选定为 1 号炉。1 号炉的位置靠边一些，停工改造对邻近锅炉的运行影响不大。1969 年夏季，我们完成了 1 号炉的初步改造，试运时发现火力上不去，锅炉出力量没有明显增加。经分析，发现由于烟囱抽力的限制，造成空气进入量不足，开大油嘴就冒烟，关小油嘴火力又上不去。我提出用鼓风机强力通风，强化燃烧，老冀他们同意我的意见。按这个方案的第二次改造很快完成，果然大见成效！炉膛火焰猛烈明亮，出气量达 7.3 吨 / 时，比以前翻一番还多。这一改造的成功，鼓舞了大家，为我们日后大幅度提高动力车间的供汽量提供了经验。虽然在试烧过程中，炉膛回火烧焦了我的眉毛和头发，脸上也烫起了几个大水泡，但在改造成功的欣喜面前，我也只是一笑了之。

1969 年，动力车间有两件好事。一是局机动处从运输处给我们调拨了一台发汽量 6.5 吨 / 时的快装锅炉。二是局炼化处将独炼二焦化拆除后的一台废热锅筒提供给克炼厂改造发汽。我们先办了第一件事。锅炉调给你，得自己去原地拆，并且得自己拉来、自己安装。幸亏是夏天，锅炉开得少，有可调用劳力。我领着人花了一周时间把附件、管线全部拆完。李云波当时已在机动科工作，他会开拖拉机，他开着拖拉机把我们拆下来的东西全部拉回。动力车间的人自己动手又把它安装好。田树春领着维修队的全部人马，加上蔡青兰领的十几位家属工盖了一个简易锅炉房，把这台锅炉装在了里面，为冬季生产创造了条件。1 号炉的改造成功与 6.5 吨 / 时锅炉的投用为这年冬季增加了 10 吨 / 时的出汽量，在一定程度上缓解了冬季用气的压力。

6.5 吨 / 时锅炉投产后，我们着手从独山子拉运废热锅筒。废锅筒是一件直径 2.6 米，长度 6.5 米，重量达 26 吨的一个大圆筒。当时，吊、拉、运、安装都十分困难。好在调度室、机动科，还有局里有关部门都积极配合，克服了许多难以想象的困难，这个“大家伙”终于在 1970 年 5 月上旬就位在高达 3 米的支座上。我们又从采油三厂找来一个兰开夏锅炉的锅筒作为前气包，剩下来的管排都是我们的管焊班自己制作的。由于有了 1 号炉改造成功的经验，加上平时积累的有关锅炉方面的知识，把这个大锅炉改装成一台完整的锅炉，我已心中有数。当时的机动科长贺荣祖同意由我主笔设计，冀维荣做图纸审核人。当时，我刚满 30 岁，精力十分充沛，接受任务后，每天加班加点工作 16 小时以上，全部的数据计算与设计图纸仅用两个星期就完成了。后来，经老冀的验算与审核，施工图很快就出来了。接下来就是预制炉管系统的各种弯管。我在 1964 年实习期满后，当过一年管焊班长，弯管的基本方法都会，加上管焊班的几位老师傅都参与了这项工作，工作进行得比较顺利。然而时值七八月，气温常在40℃以上，弯管是在平台上，将管子烧红后，依模具成型。我们头顶烈日，胸靠着炉火，那个辛苦实在是对人的一种严峻考验。现场组焊接工作进行得比较慢，因为焊接要求严格，够资格的人比较少，我记得巴克师傅从头到尾都参与了。紧赶慢赶，10月才把烟囱装上。试压合格要点火开炉了，天公不作美，连刮了几场大风，在露天操作是不行的，不安全因素太多。那时候克拉玛依野外工作多住帐篷，领个帐篷不是难事。于是，这台炉子的操作棚就用帐篷搭起来了。苍天不负有心人，勤奋必能结硕果。这台完全自造的锅炉烧出了20吨/时蒸汽。这时，已是10月底了，天气开始转冷，这台锅炉正好派上用场。

1970年，动力车间又有了大发展的机遇。局供应处又调给克炼厂两台20吨/时的煤粉炉作为生产发展的配套项目。但是锅炉烧煤粉这在当时是绝对不可行的，连电厂的大锅炉都在烧油。克拉玛依煤虽然有的是，但作为煤粉炉的燃料，要经过拉运、皮带输送、煤仓储存、磨机制粉、空气输送到炉膛燃烧，烧完后还有灰渣处理等工序。过程复杂，设备繁多。这必须改！改成烧油！在详细阅读了随机文件后，我们发现若取消它的除渣系统，把下气包降下来，全部炉管都要加长3.84米，这样受热面大量增加，发气量也可以大幅度提升。厂领导王德华书记指示我们按30吨/时发汽改，我们认为这个目标是可行的。冀维荣和我把设计任务分段包干，昼夜苦干，年底前，拿出了主要部分的图纸和料表。这个项目工程量大、技术复杂，机修车间干不了，通过局里基建处的安排，给了当时正在给厂里做油罐的兵团工一师机械厂来施工。第一台锅炉的完工时间定为1971年10月，因材料不到位，这个目标没有实现。那时，正是“文化大革命”时期，许多工厂停产，采购不到材料，只能停工待料。等到年底材料基本到齐了，施工队伍冬季室外不能施工，只好等到1972年的施工季节再干。1972年9月这台锅炉终于建起来了，经试压合格后，烘炉、煮炉换水、升温、升压，接着就是并汽投产。就在这时候，发生了一件我们万万料想不到的事。当时，新锅炉通向全厂蒸汽管网的主汽阀门打不开，气出不去，憋在气包里，促使压力急速上升，司炉工把火灭了，由于炉膛本身热量太大，压力还是上升，一些人员吓得赶快逃离了现场。我跑到锅炉前面一看，压力已经升到了 17 公斤，指针还在往上跑，这台锅炉的额定压力是 11 公斤，已经超过 50%，唯一的办法是打开安全阀放空。于是我飞快地直奔炉顶，在中间碰到了司炉工巴海，我大吼一声："巴海，上！"我蹿上炉顶，一步跳到安全阀前，双手一下拉开了一只安全阀的两个手柄，三秒钟后，巴海也拉开了另一只安全阀的手柄，4 股高压气流咆哮着冲向天空，锅炉得救了！我悬在嗓子眼的心重新落了下来。从炉顶向下一看，车间指导员刘健君和司炉工范宝林还在拼命开那个打不开的阀门，由于水击，阀门上面的垫子也打掉了，只有彻底停炉停气，换好垫子再重来。就这样，一起可能发生锅炉爆炸的重大事故被排除了。事后，经过举一反三、总结经验教训，整改后的炉子重新开炉，这台炉子出气量达到 30 吨 / 时的目标，各部系统运转正常。从此之后，炼油厂的生产用气得到了充分保障，两年之后家属区开始用上了暖气。

1974 年第二台锅炉房开始破土动工，1976 年 8 月，房子封顶，10 月锅炉建完。我们自制的那台 20 吨 / 时炉编为 1 号炉，两台 30 吨 / 时炉编依次为 2 号炉、3 号炉。

3 台锅炉发汽量 80 吨 / 时，供水量要达 120 吨 / 时才能安全。可是当时的水处理只有 50 吨 / 时的能力，扩建水处理的工作由动力车间主动承担了下来。我们决定把原先放置 10 台小炉子的地方空出来建水处理。这个意见很快得到了厂领导的同意，目标是搞 150 吨 / 时钠离子交换水处理。4 月，我们把小锅炉全部停掉后就忙开了。将旧的 10 台锅炉全部拉出来，把新做和改造好的 7 台水处理罐拉进去就位，软化水和燃料油岗位的13台泵移位安装。新建了30立方米的一个盐水池，进行了门窗改造、地坪打抹、油漆粉刷，从戈壁滩拉石料就有40多立方米。厂里组织了一次打地坪会战，把动力车间整修一新。

1976年，我们国家发生了天翻地覆的变化，“四人帮”被打倒了，“文化大革命”结束了，新的征程已经开始。克拉玛依炼油厂大发展的机遇不期而至，新的炼油装置的建设对动力车间供水供气提出了更高的要求。首先，在管理上，我们彻底落实了以岗位责任制为中心的8项制度，生产秩序井井有条，设备管理条条到位，局炼化处的一位老总这样评价克炼动力车间：你们的管理水平在全国石油系统也是一流的。电—3型自控仪表、双色水位计、工业电视等先进技术的成功使用，确保了锅炉设备满负荷地安全运行。生产用气保证了，我们把精力放在了已有设备的科学管理上。首先是1号炉，当年匆匆忙忙上去了，系统不完善，烟气温度高达350摄氏度，热效率不到70%，而当时国家要求最低76%，经研究，我们采取了加省煤器和空气预热器的措施，即在高温烟气进入烟囱之前，通过一组盘管——省煤器，可以把进锅炉的水温提高，再经过一组管束——空气预热器，把进炉膛助燃的空气温度再进一步提高，烟气系统增加了引风机，这样一改，烟气温度降到了180摄氏度，热效率提高80%以上，这台完全土造的锅炉进入了合格行列。2号炉投产半年后烟气温度从160摄氏度升到了190摄氏度，锅炉热效率大幅下降（这台锅炉原设计效率90%），但烟气中含灰太多，烟灰结在受热面上形成热阻，热量不被完全吸收，烟温高了，效率降了。解决的办法有两条：一是强化燃烧。强化燃烧的途径是对油喷嘴和油气混合器进行改造，我们作了精细的计算和设计，试用时，又经过反复修改。我记得为将燃油达到理想水平，一个喷嘴就曾修改了13次。二是增设吹灰器。吹灰器的结构是我们花了一年的时间才定型的，为保持受热面的有效传热，吹灰器每天使用一次，使烟气温度一直保持在160摄氏度左右。后来，我们到武汉锅炉厂订购4号炉时，我们设计的吹灰器，还受到了锅炉厂专业人员的高度赞扬。

1979年，我离开了工作10年的动力车间。这10年，是我青春火焰燃烧最旺盛的年代，这个“火”我拿去烧了锅炉，为炼油厂的发展，献出了自己最宝贵的青春岁月。1975年，我光荣地加入了中国共产党，这是对我这段工作的一个公正评价。由于新建炼油装置的需要，这年夏天我调到了厂基建办公室，开始了我后半生为之拼命奋斗的炼油装置建设和机动设备管理工作的新征程。

△作者曾任克拉玛依石化厂副厂长，教授级高级工程师，副局级待遇。

干部群众并肩作战保生产

采油三厂党委带领广大职工做扎扎实实的工作，保证了原油日产量自全局突破万吨以后一直稳定生产。1978年6月10日，局市学大庆检查团在三厂召开了经验交流现场会。

采油三厂是个低能区块的老厂，为什么他们能够使局市党委交给的原油日产指标做到斤两不少、稳定生产呢？他们的主要做法是：

产量要上去，干部要下去

采油三厂党委始终把全局原油日产上万吨当作政治仗和作风仗来打。厂党委认为：要想产量上去，干部必须下去做扎扎实实的工作。5月27日，局市召开了动员上万吨的紧急电话会议，当天晚上，三厂党委就连夜召开机关干部和基层班组长以上的干部会议研究措施。28日是星期天，厂党委、革委会的12名领导成员就带领机关干部深入到7个采油队，和工人一起摸油井规律，搞生产措施，两天的时间，他们就检查油嘴540个，排除了27口井的砂蜡堵，用人工清蜡，深通93井次，点保温炉142个，增开井43口，放大压差18口，使全厂原油日产量增加60多吨。在领导深入基层抓产量中，厂党委了解到Ⅲ3区原油产量一直缓慢下降，怎么办？厂党委立即根据情况成立了上产促进组进行攻关，到采油四队搞调查研究。在查清原因的基础上，对10口油井进行放大压差试验，其中有9口就有明显效果，日增产原油16吨多。

心中装着一万吨，一斤一两也要争

为保全局原油日稳万吨，采油三厂8个采油队和7个修井队的广大职工，纷纷向厂党委表决心，他们说："心中装着一万吨，一斤一两也要争！"从6月初以来，厂、队两级都召开过研究如何上产的会，把任务落实到每口井上，从一斤一两抓起。采油一队的职工，对不同的低产低能井采取不同的清蜡方法，把全队有潜力的100口生产井，一口一口摸清底细，采取增产措施。五排11号井原来热油熔蜡常常压死，他们就改变清蜡方法，使这口井由原来日产2.5吨，增加到3.5吨。这个队仅用人工清蜡这一项就增加原油25吨。采油二队的9名干部日夜奋战在井场上，在最近的3天中，普查油嘴78口，摸底细6口，经采取措施，增加原油9吨。采油五队6月以来为提高采收率上修48口油井，影响了产量。他们提出口号：修井的损失用挖潜补。他们在20口低能井上大搞有效举措，队领导和地质工袁伯荣从早上7点一直干到晚上10点，先后对13口油井放大压差，使产量比原来增加近一倍。许多同志带病坚持工作，连着上班。为了多产一斤油，人人出大力，比贡献。他们说，全厂的稳产高产就是从这一斤一两上争来的。

增产措施拿得准，群众干劲百倍增

采油三厂从5月20日至6月9日，调动各方面的力量，狠抓了10项增产措施，即：新井射孔排液10口，Ⅲ3区射孔压裂投产8口，一西区修井投产30口，加强注水调水100口，穷捣鼓27口，一中区安装抽油泵11口。另外三个措施正在加紧进行。由于措施定得扎实、准确，因而使广大职工感到心里明确，干劲倍增，只用20天时间实施了这些措施，达到了上产和稳产的目的。

采油三厂为保全局上万吨，做出了自己的努力，在6月10日的现场会上介绍了他们的经验。在经验交流会上，采油一厂、二厂的有关队、站也发了言，全局30多个采油队就如何确保原油日产万吨重新制定了措施，并向局市党委表了决心。

△原文来自1978年6月14日《新疆石油报》，本报记者杨登艺。本文由克拉玛依日报社提供。

攻克难关立井架

王广栋

1978 年底，为参加当时的石油部和新疆石油管理局组织的百口泉地区油田开发大会战，钻井处增建了十几支钻井队伍，急需组装 11 部“大庆—130”钻机井架给井队使用。最终，这一任务交给了我们安装区队，时限为两个月。

当时，我刚从部队转业到钻井安装区队不久，参加了此项工作。

那会儿正值冬季中最冷的天气，而百口泉那片地方放眼望去，入眼皆是茫茫戈壁，不仅无遮无掩，还正好处在老风口。要想在这么大片戈壁荒滩坚持工作两个月谈何容易？

但是，重任在肩义不容辞，怎么办？我们队哈萨克族职工朱马太用流利的普通话很干脆地说了句话：这是党交给的任务，人民交给的工作，再苦再难也要完成！

我们安装队素来以敢打硬拼著称，为了完成这一艰巨任务，大家全都咬紧牙关，硬是闯过了吃、住、干这三大关。

野外吃饭太困难

先说吃。

客观地讲，按照当时的工种定量，我们能吃得饱，但要想吃得好，就很难了。

当时是工人的粗细粮是对半供应的，因此，用玉米面发糕就成了我们的主食，但发糕吃的时间一久，人就会胃里反酸，直吐酸水。

尽管是野外作业，想要吃米饭和肉菜，还得凭票供应才能吃上，虽然临时食堂离工地不远，但为了节约时间，我们都是在现场吃饭。

天寒地冻，饭菜往往是吃到一半，就冻成了冰疙瘩，雪花落在碗里都不会融化，就好像撒了一层盐；如果再遇上刮风，沙石就又成了饭里的额外“作料”，让人难以下咽。

另外，怎样能快速把饭吃到肚子里也是个难题——天气太冷，戴上手套吧，拿不稳筷子；脱掉手套吧，手指又冻得伸不开，最后大家只好用戈壁滩上的梭梭柴当筷子，把饭往嘴里拨。

天寒地冻难安睡

再说住。

为了保暖，我们用推土机在戈壁滩上推出了一条长 40 米深 15 米的大沟，将棉帐篷的边墙埋土里，做成半地下室的临时宿舍，全队 40 多人全都挤在一个大帐篷里。

那会儿，气温已经降到零下 30 多摄氏度，我们只好用汽油桶改成 3 个大火炉取暖。

睡觉前，还得不断往火炉里面加炭。可是，炭烧得很快，睡觉前加的炭根本无法保证整晚的温暖，半夜必须加几次炭才行。

大家白天干了一天的活儿，一睡下，谁都困得起不来加炭，只好在被窝里缩成一团，结果，不少人因为受凉而感冒了。病号一多，对工作也很有影响。

最后，还是我们的队长司地克想了个办法：由生病的队员来负责夜间给大家加炭，而他可以在白天休息。

真别说，这个办法还挺管用，大家晚上不仅可以安睡一整晚，而且，生病的队员也越来越少了。

爬冰卧雪立井架

最后一关，也是最难的一关就是干。

“大庆—130”钻机井架主体高度为 40 米，共分为 10 层，每层由 4 根 4 米长的井架支撑主体和几十根长短、重量都不同的骨干拉筋组装而成，加上井架底座、天车台和人字架，高约 45 米。

按照分工，我们队主要负责立上面五层井架和二层台、三层台、天车台及其他附属部件，这项工作不仅工序复杂、技术要求高，而且还要高空作业，难度很大。

井架安装队共有架工班和钳工班两个班，按工序流程，钳工班在地面负责将井架的各种附件组装成形，架工班则在空中负责将所属部件按照要求与井架支撑主体用螺丝衔接固定在相应部位，逐层上升，直到安装好人字架，才算完工。

当时，井队进口的设备很少，16 吨的吊车都是稀罕物，施工基本上还是人拉肩扛外加拖拉机协助，钳工班在地面组装部件，能扛动的井架拉筋或较轻的部件全部靠人扛，井架主体则需要由 4 个人用 2 根碗口粗的木杠抬起来对接。在安装附件时，空间比较狭窄，大家就只能趴在雪地上，摘掉手套徒手将螺丝拧紧。

由于当时向上提升部件使用的是比较落后的枣核形悬绳爬杆，起吊、升降都很麻烦，一次只能起吊一根井架主体或一面边墙，且耗费时间很长，其他三面的人员都要在数十米的高空等待。寒风中，每次架工们下来时，眉毛、胡子和帽子上都挂满了冰霜，整个人都冻透了，很长时间才能缓过劲来。

那时候，冬季施工也没有什么奖金、补贴，大家干活儿全凭一腔热情。记得我们队克里木因为牙疼，连续几天都睡不着，结果他干脆穿衣起床，拿起两把开口扳手直奔井架。第二天早上我们去上班时，才发现他已经把井架底座螺丝全部紧好了。

我们问克里木这是怎么回事？他一本正经地捂着腮帮子说："哎呀，怪得很。我嘛夜里牙疼得很，一干活儿嘛，牙就不疼了。我想那就干活儿吧！"这话引来大家一阵哄堂大笑。

一个半月后，经过我们的艰苦努力和各配合单位鼎力相助，这项任务终于提前半个月完成，并因此受到了石油部的表彰和石油管理局、钻井处的嘉奖。我们中队的领导受邀到北京参加了石油系统的表彰大会，队长司地克也因此光荣入党，而我本人也被评为了区队级先进个人。

△作者曾任新疆石油管理局钻井公司钻前工程大队安装二队指导员。原文曾发表于 2015 年 4 月 28 日《新疆石油报》。

留在克—乌管线的记忆

曹坤才

克拉玛依至乌鲁木齐输油管线从克拉玛依到乌鲁木齐，经过准噶尔沙漠地区，经过五县（沙湾、玛纳斯、呼图壁、昌吉、乌鲁木齐县），全长 800 里。这条管线穿越大的河流和输水干渠 14 条，沿途有沼泽、稻田和山地，地形十分复杂，给施工带来了一定的困难。这条管线从 1970 年开始破土动工，到 1972 年投产，实现了高速优质。

承建这条管道的是四川石油管理局的油建队伍，他们对工程质量非常负责，真正做到了一丝不苟，如当时三队队长王子顺，他发现一口管道的焊口未经过检查就包上了沥青，到夜里十一点了也要扒掉沥青进行探伤检查。

建设这条管道所用管材是宝鸡钢管厂的产品，当时很多管道质量不合格，为了保证工程质量，我们派出了一个 12 人的质量检查小组，由新疆石油管理局的八级焊工童德强带队，专门检查管材的螺纹焊缝，对质量不合格的地方进行补焊，仅补焊就用了 4 吨多焊条。这个小组为了保证全线的焊接质量，还做了一系列焊接小科学试验。经过试验，他们发现零下 15 摄氏度焊接得不能保证质量。所以，我们根据他们的试验结果，调整了工作。在冬季施工中，早晚做各种准备工作，中午突击焊接。

在施工过程中，不但要保证质量，而且也要保证速度。当施工进行到沙湾县地区时，遇到了大片稻田和沼泽地，有一次，推土机、拖拉机、吊车、汽车一次就陷了9部，而且管道里全是水，怎么施工呢？大家一时想不出什么好办法。这时，我们看到水上漂着一根木头，而管道能不能漂浮着过呢？当时我们就做试验，把管道的一头焊上堵头，然后放进水里，管道也能漂浮起来。这样我们就创造了“漂浮过水”的方法。此后再遇到水，我们就用这种方法，使施工更方便，速度也更快了。

施工进行到昌吉地区，管道要通过一条河谷。这条河谷两岸都是悬崖，管道要通过这里，得开挖12000多方土。人工开挖，最快也得半个月。正在为难之际，一个十多岁的放羊小孩子救了我们。他给我们说，用水一冲就是一道沟。我们立即和一位社员交涉，用他浇地的水试冲了一下，结果没用4小时，不但冲出一道沟，而且还得用推土机回填一部分土。这种土方巧搬家，也给施工创造了方便条件。

这条管线工程最大的工作量是土方。全线百万多土方大部分是沿线各地人民和生产建设兵团团场承担的。当时，玛纳斯县只有3万多劳力，就有2万多开上了管线工地。生产建设兵团各个团场的口号是“绝不允许在我们的地段晚点”。克—乌管线工程的顺利完成，与地方人民和兵团同志的大力协助是分不开的。

克—乌管线是克拉玛依油田在20世纪70年代初修建的巨大工程。对油田的发展起到了至关重要的作用。这项工程的胜利，最有力地说明了，我国的石油大军是一支最有觉悟，最有纪律，顾大局，识大体的铁人式的队伍，这支队伍必将会取得新的更大的成绩。

△作者曾任原石油工业部管道局基建处处长。本文节选自1985年新疆石油局编辑的《开拓者之歌》一书。

白碱滩石油建设纪实

俞安琼　整理

开工上阵把油夺 苦战巧战争头功

克矿炼油厂正式投入生产

克拉玛依新建年处理原油 15 万吨的炼油厂，经过 10 天的试车，于本月 21 日正式投入生产。炼油工人斗志昂扬，提出战斗口号：开工上阵把油夺，苦战巧战争头功，优质高产保安全，国庆佳节把礼献。

这座炼油厂投入生产以后，解决了克拉玛依矿区的全部用油问题，从而腾出了更多的车辆去完成急需的运输任务，同时在一定程度上缓和了目前输油和储油的紧张局面，为夺油大战取得胜利提供了极有利的条件。

为使炼油厂早日投入生产，在试车过程中，炼油厂和工程公司两个单位的职工密切协作，苦干巧干，及时解决了设备上存在的问题。如试车中发现原油泵压力大而流量小，工人们开动脑筋，想出办法，改用双管进双管出，挖掘了锅炉潜力，提高了流量。另外还发现汽油和渣油冷却器“短路”，油冷却不好，严重地影响试车，为保证早日投入生产，工人们经过反复研究，采取了在冷却器上半部加里套的办法，很快解决了问题。通过采取了这一系列的紧急措施，既保证了产品质量，又提高了处理能力。

在开工生产的同时，炼厂已和克矿及附近许多工、农业单位签订了合同，保证他们用油，用好油。

△原文来自1958年8月26日《新疆石油日报》，本报记者程蔚翰。

克矿“三八”钻井队已钻完十口井

克拉玛依矿区“三八”钻井队，从8月17日下午7点开钻到10月5日下午5点，在48天内共钻进1002公尺，钻完10口井，井井出油。

这支英雄的妇女钻井队是由汉、维吾尔、哈萨克三个民族共42名家庭妇女组织起来的，她们大多是有了孩子的母亲，但是她们在社会主义总路线的鼓舞下，克服了各种困难，参加了钻井工作。

当朱副主席来该队视察后，对大家鼓舞很大，同志们一致表示，要以新的成绩报答领袖的关怀。刘永兰班为了赶进尺，不交班不下钻台；白仙娥有胃病，医生开了病假条也不休息，带病工作；政治指导员经常在现场和大家一起劳动，在现场做思想工作。目前她们为了向现场会议献礼提出了10月“月上千”。5日搬家时，正刮着7级大风，当时只有一部拖拉机拉钻机，为了争取早开钻，钻杆等用具全部是她们自己搬的。大钻杆两人抬，小的一个人扛，就这样在一个多钟头内搬完了家，当天晚上就在新井开了钻。

△原文来自1958年10月13日《新疆石油日报》，本报记者保平。

发展中的白碱滩探区

今日的白碱滩，呈现着一片繁荣热闹的城镇景象。

从克拉玛依往东北走上30余公里就到了白碱滩，这里虽没有高楼大厦，八九十幢平房、木房、帐篷与地窖整齐地坐落在成吉思汗山的南麓。这里街道整齐，一座新落成的机关办公室屹立在中央，白碱滩探区的领导机关——白滩碱钻井处党、政、工、团和居民委员会在这里领导着1000多名各族职工和家属，共同建设着这座新兴的城镇。

随着油田勘探面积的扩大，职工人数也一天天增多起来，目前这里除了19个各种类型钻机的钻井队外，还配备有发电站、修理部、运输站、安装队、拖拉机队等辅助生产部门，此外，还有试油、采油等生产单位。这里，说起来是偏僻一些，但生活在这儿的职工他们觉得和在其他城市一样，用什么有什么。政府部门先后在这儿设立了贸易公司门市部、邮电局、人民银行、新华书店，在这里随时可以购买到从全国各地运来的生活日用品。有了病可以到卫生部门去医疗。每逢假日，俱乐部还组织各项文娱活动，图书阅览室也于最近正式开放，给广大职工创造了良好的学习条件。

去年成立跃进人民公社后，几百名职工家属都积极参加劳动，组织了“三八”食堂、托儿所、缝纫组、洗衣组、“三八”土方队等，她们在实现“三化”运动中，做出了突出的成绩。

在两年半的钻探过程中，已初步证明白碱滩是我国目前高产量的油田之一，具有重要的工业开采价值。

白碱滩全体职工满怀信心，一定要在这新的一年中，以更大的跃进步伐，加速扩大油田面积。不久的将来，一座大型俱乐部和大规模的职工宿舍即将随着生产的发展而兴建起来，油区一座最大的热电站与大型集油站、输油管等重大工程，最近都将在白碱滩动工兴建。未来的白碱滩将是一座美丽的石油城。

△原文来自1959年3月10日《新疆石油日报》，本报记者丁渡舟。

克矿水电厂搞出大名堂

VD—25柴油机增压器安装成功

新疆石油管理局克拉玛依矿务区水电厂在各兄弟单位的大力支援下，克服重重困难，于1月12日安装成功VD—25柴油机增压设备一部，增加容量70千瓦。全厂五部增压器全部安装成功后，预计可增加350瓩。相当于七部K—153柴油机发电机。在水电厂容量不足的情况下，可大大扭转供电紧张的局面。

安装增压器很不容易，克矿水电厂曾安过两次都失败了。这次在矿务局刘骥工程师的亲自指导下，油田处徐机械师、五级钳工聂荣华和机械厂有关同志也热情前来支援，经过多次失败，多次试验，才安装成功。特别在画线工作中找中心的时候，费了许多周折。水电厂秦工程师召集诸葛亮会议，经过研究提出两个方案：一是以曲轴中心为基准找其他中心，一是以气缸盖中心为基准找其他中心。但是曲轴气缸盖的中心准不准谁也不能断言。后来还是徐机械师凭经验判断和细致的观察，在气缸盖上找到了制造厂所打的中心眼，才根据这一个中心眼很快的找准了其他的中心，画线关就这样突破了。

经过了6昼夜的苦干巧干，一大堆困难像春天的冰雪一样逐步地融化了，终于在1月12日安装成功，正常地运转起来。在报喜的会上，矿务局曹副局长赞扬说：增压器的安装成功是水电厂钻出了鸡蛋壳，搞出的大名堂。

△原文来自1960年1月31日《新疆石油日报》，本报记者朱继祖。

第一条固井机械化作业线诞生

我局第一条固井机械化作业线，经过半年多的顽强试验和一次又一次的失败，于最近在克拉玛依技术作业大队诞生了。

固井操作实现机械化作业，是固井工程上的一大革新，是钻井工程中一项重大的革命。它使钻井工程中的一项繁重的体力劳动获得解放。这条作业线，从机械化水泥过筛，到连续自动输入散灰储罐，随时可用储罐底的螺旋输送器装入机械化自动下灰固井车，再经过自动下灰固井车载着定量的散装水泥，在井场上和水泥车配成一条龙操作，直接完成全部固井任务。解决了工人的防尘保护和水泥的浪费等问题，使固井质量的提高有了保证。

过去，固井是钻井工程中一项最笨重的体力劳动。每次固井时，需要上百名职工同时依靠体力，在几十分钟内将几百吨水泥倾入井内。同时为了保证水泥浆的质量，工人们不得不冒着井底高压水的猛烈喷射，和机器开展竞赛。所以固井工人把这项工作比喻为如同战场上拼刺刀的战斗一样紧张。工人们在固井工作开始时，要屏住气在水泥灰粉飞扬中不断连续工作，严重地影响着工人们的身体健康。实现机械化操作后，完全消除了这些现象。

固井机械化作业线是经过群众反复实践、失败、再实践，不断斗争取得的结果。开始是分几个方面进行的，由库房重点解决密闭防尘装置，井场上解决机械操作下灰。半年多的时间，参加试验的同志，通过摸索斗争，失败了又顽强进行试验。其中仅自动下灰一项就曾做过 2 个拖车、9 个设计方案。在用抽板方面，开始装上水泥抽不动，而水泥到不了漏斗时就用绞车绞，绞车绞起来时又没法割水泥袋子……一个接着一个的困难连续出现，经过几个月来发动群众攻关键，集中了大家的智慧，到 5 月，才找到了用散装泥料斗，并使用气驱动的方法，终于攻克了这一关键。在解决自动下灰车的螺旋推进器叶片时，大队党总支书记会同石油部机械化工作组及车间有关领导、技术人员和工人一起共同研究设计方案，在锻炉旁开诸葛亮会，最后确定使用模具的方案。于是干部、工人一齐动手，很快地就把模具锻制成功，所需的 50 多个叶片很快便制造出来。

在实现固井机械化作业线过程中，党总支在进行具体领导和组织这一工作时，狠抓日进度，使重点关键在总计划的要求下有了具体的方案，逐步解决每天攻克重点关键中的具体困难。规定了大队每天早晨召开生产研究碰头会，以生产为主，适当地研究和安排各项工作的关系，使人力物力和加工力量做到统筹兼顾。大搞车间之间的大协作，互通有无，在搞突击时，大队党政领导干部每天都到现场和大家一起攻关；晚上还亲自送饭到工地，为工人们端饭送菜，使参加革新的工人很受感动，干劲越干越大，职工们在最紧张的时刻曾连续苦战了几十个小时，熬红了眼睛也不愿回去休息。

6 月 29 日，为了攻克 25 吨机械化自动下灰车的关键工程，党总支根据工程性质，周密地部署了力量，集中各车间的优势兵力，组织了一支几十人的突击队，进行攻关键大会战。把各车间优秀的钳工、焊工召集起来，加工设备等一律为会战让路，大队长亲自指挥。在几十平方米的工地上，形成你追我赶的劳动竞赛热潮，大家都在为着同一个目标——实现固井操作机械化而紧张战斗着。在同一个时间里，木工组、叶片制作组工人们每做成一件就赶紧送往装配组。工地上沸腾起来了。连夜里到工地送饭的炊事员也感动得主动留下来给工人烧开水。管子站电焊工周国君上完白班后，一听说会战自动下灰车，立即跑到工地干起来了。当第二天黎明来到的时候，一部庞大的机械化下灰车，在群众的欢呼声中成型了。

目前，作业大队全体职工，正再接再厉，为彻底实现全盘操作的机械化自动化而努力。

△原文来自 1960 年 8 月 9 日《新疆石油日报》，本报记者陈月辉。

修渠健儿排除万难换来巨大成果

克拉玛依渠通水白碱滩

经过 7 个多月的紧张施工以后，工程艰巨、复杂的克拉玛依渠已经胜利完成从百口泉水源地到白碱滩的首段渠道建筑工程。经过几天的试水和检验质量，证明施工完全达到了设计的要求。水渠的主要附属建筑物枢纽泵站的建筑安装工程，也已基本完工。

20 日，2000 多名修渠职工在白碱滩枢纽泵站隆重集会，热烈庆祝水渠首段通水。会上举行了首段渠道正式通水的剪彩仪式。在欢呼声中，管理局秦峰副局长亲自剪彩，清澈的百口泉水哗哗地流进了白碱滩高产油区。

在庆祝会上，修渠健儿们还举行了大战后期工程的誓师比武。全线职工一致向党表示，坚决在严冬来临以前完成全部工程，确保全线通水。在首段工程中涌现出来的许多先进集体和先进个人，都在会上光荣地受到了奖励。

目前，水渠绝大部分连队已经从首段转到末段工地，开始末段施工。有少数连队留在首段修建集水渠道和进行盖板安装等工作。机械站正在用推土机加紧回填首段渠道的复土。在枢纽泵站的工地上，工人们修好两个容积各为1500立方米的调节水池；泵房里各种不同型号的水泵及电气动力设备已经安装完毕。

克拉玛依渠修到白碱滩以后，将首先解决高产区油田注水和矿区新建火力发电站的用水问题。其次白碱滩钻井工程和职工的生活用水，也将得到满足。根据目前已经投产的7口水井生产能力计算，每天输水量比克拉玛依原有输水管线的输水量大近一倍。

克拉玛依区首段工程是全线的主要部分，渠道长41公里零600多公尺。今年2月，修渠职工们在零下20多摄氏度的严寒里，冒着风雪凿开了冰冻的戈壁，开始了紧张的土石方工程。7个月来，职工们克服了自然条件恶劣、没有施工经验和材料不足等困难，共完成土石方工程643500多立方米，开凿隧道16座总长3009米，修建混凝土渠道39300多米，铺设钢筋混凝土管线、金属压力管线及砖砌隧道共4600多米，并建成了一座现代化的枢纽泵站。

为了及早完成首段渠道的混凝土浇注工程，全线5个混凝土施工队曾经在8月26日至28日举行了大会战。各施工队在会战中以“优质、高速、安全、节约”为条件，展开了热烈的竞赛，发扬了共产主义大协作精神，因此施工进度非常快，只用了两天多时间，就完成了首段最后 1350 米渠道的混凝土浇筑任务，并保证了质量。

目前，全线各连队正在深入贯彻管理局党委第十五次扩大会议精神，全面检查前七个月的工作，总结首段施工经验，掀起新的增产节约高潮，保证严冬来临以前完成末段工程，实现全线通水。

△原文来自 1960 年 9 月 24 日《新疆石油日报》，本报记者林林。

采油三厂狠抓技术练兵和保温工作

克拉玛依采油三厂积极行动，认真贯彻党代会精神，发动群众广泛开展技术练兵活动，狠抓防冻保温工作，保证了油井不受严寒的侵袭，从而稳定了油井生产水平。

在群众性技术练兵活动方面，采油三厂以掌握操作规程，提高技术熟练程度为中心内容，以保证冬季安全生产为目的开展了劳动竞赛。标兵七小队在开展检查油嘴单项选拔赛当中，检查一次油嘴的时间由过去的 6 ~ 7 分钟缩短到了两分多钟。二区队在选拔赛当中，还出现了 1 分 20 秒检查完一次油嘴的新纪录。采油工人操作技术熟练程度的提高，有效地缩短了油井因工人操作而停产的时间，使油井发挥潜力，达到了多出油的目的。据测算，每口井每天可以减少 20 分钟停产时间，全厂采油日产量增加了 4 吨。

在防冻保温工作中，采油三厂对油井进行了认真的调查研究，通过对数据资料的分析，掌握油井的规律，在此基础上定出油井的“配温方案”。他们在全厂范围内，总结推广了七小队试验成功的预热分气管保温和热风吹土法保温两大革新，并对高含水井进行了用麦草包裹的试验。五区队在学习和推广热风吹土法保温经验后，保温炉利用率达到了 93%，井口保温炉利用率达到 100%。目前止，全厂新建成的热风吹土法保温炉有 32 个。由于狠抓了防冻保温工作，所以今年自入冬以来，从未发生过输油管冻结的事故，从而对完成和超额完成生产任务起到了保证作用。

△原文来自 1961 年 12 月 21 日《简报》，本报记者葛步昌、三厂宣传组、五区队通讯组。

敢于革命 敢于独创

采油二厂试成自动清蜡装置

新疆石油管理局第一套自动清蜡装置，在采油二厂采油四队 7 号计量站，经过二厂科研队自动化小组全体同志的艰苦努力，数百余次地反复试验和改进，终于试验成功了。目前已有 3 口油井实现了清蜡自动化，17 口油井实现了清蜡半自动化，把油井管理工作推向了一个新的水平。

油井清蜡是保证油井正常生产必要的措施，也是采油工最繁重的体力劳动。过去清蜡都是人工手摇绞车，既费劲，又费工，还不安全。有了自动清蜡装置后，当需要清蜡时，清蜡装置就会自动启动，并根据不同井况，刮刀下至一定深度自动倒向上提，到井口时又能自动停车。从此，工人再也不用上井摇绞车了。

自动清蜡装置这一革新成果的取得，是二厂科研队自动化小组全体同志，和工人群众相结合艰苦劳动的结晶，是他们突出政治，高举毛泽东思想红旗的伟大胜利。

自动化革新小组是去年 11 月由 4 名中技学校出身的技术干部、2 名四级工人和 3 名学徒工组成的。刚开始搞自动化清蜡时困难很多，除一部极其破旧不全的电动绞车外，一无所有。但是，他们没有被困难吓倒，全组同志反复学习《为人民服务》，从中汲取了力量，决心白手起家。同时，他们还时刻用采油工清蜡时的艰苦情景激励自己，鞭策自己。仪表工任毓民说："每当想到采油工人冬天那么冷在外面摇绞车，夏天又那么热在野外清蜡的时候，我浑身就有了力量，下决心要改善采油工人的劳动条件。"没有试验室，就用土房子因陋就简，没有桌子就在破木箱上架起木板工作，用木箱当凳子。为了搞电动绞车，王大兴不顾零下 30 多摄氏度的严寒，花了 3 天时间，跑遍了黑油山地区，在雪地里找回了 3 部残缺不全的电动绞车架子和滚筒，在修理部门的大力协作下，经过七昼夜的奋战，装配好 3 部电动绞车，很快在 3 口油井实现了电动清蜡。

电动清蜡的实现，大大减轻了工人的劳动强度，但是由于这种绞车控制简陋，操作不方便，容易发生事故，所以还必须进一步进行改进。后来他们根据兄弟单位的经验，搞成多线制半自动清蜡装置。使用这种装置只要一个人坐在井口按电钮就行了，比电动清蜡前进了一大步。但是这种方法也有不少缺点，电力线多，造价高，同时还没有把劳动力完全解脱出来。自动化小组的同志们再次学习两分法、《愚公移山》等，总结经验教训。他们说：愚公之所以能移山，在于他懂得了"移"的重要，移就是干，只要敢想敢干，没有攀登不了的山峰。学先进不能老跟在人家屁股后面跑，必须创造出自己的一条道来。他们坐在一起，对 14 条电线，逐个进行研究、讨论，研究一根，试验一次，最后减少到 6 根线，降低了造价，方便了操作，使半自动化程度又提高了一步。

半自动化清蜡装置试制成功了，但他们并没有满足，他们说：这只是个开始，离全部自动化还有一段很长的距离。我们一定要走完这段路程，不管它多么艰难！为了实现全部自动化，彻底解放劳动力，党支部组织他们反复学习了《人的正确思想是从那里来的？》一文，通过学习，使大家进一步懂得了社会实践的重要意义，消除了认为差不多了的思想。当时正值春节，陈天駋、徐登华、程心合等放弃休息，每天早晨6点钟照常上井坚持三班倒进行试验。赵宏恩为了搞好自动停车线圈由4000圈绕到6000圈，又由6000圈绕到8000圈，一直最后绕到15000圈，并多次到化验室、电厂等单位进行试验。在井上试验时，为了观察使用情况连续一个多月每天上两个班，从无任何怨言。在10月拖拉机厂负责组织加工制作绞车的技术员王大兴，和该厂工人同劳动同商量，反复宣传绞车对开发油田的重大意义，并对绞车盘钢丝部分的制造提出4种改进意见，从而使制造出的绞车盘钢丝部分超过了外国水平。

由于他们不断革命，永不满足，大胆实践，经过7个多月的艰苦努力，自动清蜡装置终于在今年5月试验成功。随后，他们又通过大胆摸索，反复试验，很快搞成了出油声音的远距离监听装置和清蜡事故报警讯号装置等多项革新，把油井管理工作提高到一个更高的水平。

△原文来自1965年10月8日《新疆石油报》。本报记者采油二厂宣传组。

为发展新疆石油工业贡献力量

从四川、江汉油田调来我局的钻探队伍，目前已有1500人到达克拉玛依油田。他们体现了我国石油工人“风霜万里，四海为家”的革命精神。尽管这里条件比较艰苦，生活上不大习惯，但大家豪情满怀，斗志昂扬，决心在新的战场上为实现新中国关于创建十来个“大庆油田”的伟大号召贡献力量，他们决心扎根新疆大干一场。

不少队头天晚上到达驻地，第二天就找领导要求任务，驻乌尔禾艾里克湖的来自四川的两个钻井队，还向指挥部写了请战书，反映了这些队的同志有着大干快上的强烈的紧迫感。

局市领导考虑到来自四川、江汉油田的同志们一路上太辛苦了，要求他们到后好好休息几天。可是各队职工坐不住，纷纷活动起来。有的队召开各种类型座谈会，谈感想，表决心，一致表示不怕生活苦、条件差，一定要克服困难，艰苦奋战，为在新疆创建三个“大庆油田”做出自己的贡献。来自江汉油田的32518钻井队司钻、共产党员孟照年说：新疆生活是苦一些，但是我们的任务却十分光荣。为了拿下大油田，满足国家四个现代化的需要，我决心扎根新疆大干一场。大家还兴奋地谈道，克拉玛依油田是个好地方，地下有油田，地上有良田，都表示要坚决同各族职工一道，把祖国边疆这个前哨建设得更好。有的队对这次长途行军进行群众性总结，表扬好人好事，进一步鼓舞斗志。有的队组织起来参加劳动，如驻乌尔禾电厂农场钻井队的同志们主动帮助农场下菜；驻白碱滩采油二厂新农场钻井队的同志们热情帮助食堂工作。有的队干部带领大家打扫环境卫生，协助接待组安床，为迎接下一批战友做好准备。

乌尔禾、白碱滩和试油大队等各驻地接待组的同志以及这些地区各单位的职工，对新战友的到来是热烈欢迎，热情接待，热心地帮助他们解决困难。钻井处、采油二厂、试油大队等单位职工，听说有几个新来的钻井队、试油队的行李铺盖还没运到，当晚就给他们送去被褥100多条。试油大队的许多单身职工宁愿自己盖棉衣，把被子让给新战友们盖。他们说，新疆夜间比较冷，我们说啥也不能让远道而来的战友们冻着了。白碱滩接待组炊事班的同志把新战友们当亲人，谁病了，总是及时做好病号饭送到床前。新战友们说，到这里同在家里一样的温暖。

△原文来自1978年9月6日《新疆石油报》。

第一台12000千瓦汽轮发电机组试车成功

我局第一台12000千瓦汽轮发电机组试车达到额定负荷，一次成功。

安装这台发电机组的扩建工程是在1976年3月15日破土动工的。由于这台发电机组是在“四人帮”干扰破坏时出厂的，质量较差，一些副机也不能如期运到工地，延误了工期。参加这项工程的电厂、油建二处在油建一处、独山子炼油厂等单位的支援下，以大庆人为榜样，自力更生，艰苦奋斗，争分夺秒，大干快上，克服了无专业施工力量、无施工机具、技术力量薄弱等困难，于“五一”前夕完成了这项任务。

担负土建施工任务的主力油建二处在施工中，广大职工们解放思想，群策群力，胜利完成了主厂房、汽轮机基础等土建任务。凉水塔、水工部分的施工要求防冻防渗，施工复杂，质量要求高。职工们经过反复试验，拿出技术参数，然后施工，现在已完成4段凉水塔施工，质量达到国家标准。铁木工连在安装主厂房天车轨道时，精心设计，精心组织和精心施工，做到自检、互检和专业检查，保证了质量。

发电机组的安装主要是电厂检修分场负责。检修分场职工发扬革命加拼命、拼命加科学的精神，一方面担负起其他发电机组的维修，一方面又保证这台机组的安装，并及时检查、整改了机组在出厂时存在的质量问题。为了掌握高温高压的焊接技术、提高焊接质量，分场在电焊班办起了短训班。经过三个来月的苦练，全班大部分人都练出了一套焊接高温高压管道的过硬本领。他们在焊接锅炉本体高温高压合金钢管时，1370 多个焊口和 100 多个闸门焊口，质量全优。在用国产焊条焊进口的主蒸汽高温高压管道时，他们组织攻关小组，经过一个多月的反复试验，攻下了难关。主蒸汽管道焊好后，经检验，质量也达到了要求。汽轮机的安装要求不能差一丝一毫，检修分场的同志以高度负责的精神，严把质量关。4 月 26 日达到试车一次成功。

这台发电机组建成投产后，对于克拉玛依油田的建设将起到重大作用。

△原文来自 1979 年 5 月 5 日《新疆石油报》，本报记者李宪余。

以苦为荣 坚持大干 科学打井 勇于登攀

32652 女子钻井队突破万米大关

钻井处 32652 女子钻井队以 128.6% 超额完成上半年钻井进尺计划之后，乘胜前进，再接再厉，到 7 月 16 日止，已打进尺 10014 米，以 169 天的时间突破了万米大关。

32652钻井队是采用高压喷射等三大技术的钻井队。今年以来，她们在会战中坚持科学打井，不断总结经验，做到了专人负责“两筛一除”狠抓泥浆净化、资料管理，各种资料做到了无错、无漏、无涂改。她们始终坚持以岗位责任制为中心的各项规章制度，狠抓增产节约，加强设备管理，跑、冒、滴、漏现象大大减少，企业管理水平不断提高，设备出勤率达到了100%。

32652钻井队的领导班子是个作风过得硬的班子，队伍是个团结战斗的集体。在会战中她们坚持把思想政治工作做到生产过程中去。会战初期，报纸上一则解散女子架桥队的消息在个别同志的思想上引起了风波，产生了想调离钻井队等各种不正确的想法。队党支部发动党、团员人人做思想工作；队干部以身作则，除出外开会，坚持上井，做到了班班见干部，使同志们很快排除了各种错误想法，安心大干。该队参加百口泉会战后，全体职工住在白碱滩，每天乘车上班，工作时间长达11个小时，但她们以苦为荣，坚持大干苦战，不断取得新成绩。

目前全队职工正在总结上一万米的经验，决心再鼓干劲，在会战的第二战役中做出更大的成绩，向国庆30周年献厚礼。

△原文来自1979年7月9日《新疆石油报》。

克—白公路北路建成通车

由铁道兵某部承建的克拉玛依—白碱滩公路北路提前建成，经检查验收符合设计要求，于9月25日胜利通车。

这条公路是为适应油田现代化建设的需要而修建的。公路全长

18.65 公里，路面宽 9 米。从去年 11 月动工后，铁道兵某部全体指战员千方百计克服困难抓紧施工。机械营干部战士同心大干，提前 54 天完成了路基土石方任务。十四连指战员不怕劳累，不畏风沙，保质保量铺好了 18 公里的沥青路面。负责沙石拉运任务的汽车五连战士坚持多拉快跑，保证了施工用料。在全体指战员的共同努力下，整个工程的竣工比原计划提前了 35 天。

△原文来自 1980 年 10 月 18 日《新疆石油报》，本报记者徐军、梁锋。

钻井处领取独生子女证的夫妇住进新楼房

10 月下旬，钻井处 48 户领取了独生子女证的青年夫妇和其他 300 多户工程技术人员、老工人以及前线井队干部等，一道搬进了第一批竣工的新楼房。广大群众反映说：处党委这一决定好，我们打心眼里高兴和拥护。

在开始讨论新住宅分配方案时，有些职工认为，领取一胎子女证的夫妇大多是青年人，这次住楼房，应该“靠边站”。但更多的人认为，为革命只生一胎，这是党的号召，对促进四化建设有重大意义。所以，对领取了一胎子女证的，应当从各方面给予关怀和照顾，将新楼房分给他们，也是对所有青年夫妇实行计划生育的一个推动。对于这两种意见，钻井处党委支持了后者。现在，钻井处白碱滩地区领取了独生子女证的夫妇中，除了两地分居的以外，95% 的都已住进了楼房。

△原文来自 1980 年 11 月 5 日《新疆石油报》，本报记者赵先明。

陈队长自制“鱼钩”捞套管

1980年底，32836钻井队在百1111井下表层套管，不慎将3根套管掉入井底。有关工程技术人员通过分析研究，认为无法打捞，决定改下小套管。队长陈经元想，掉入井底的三根套管都是从日本引进的，每根要花人民币1000多元，如果不打捞起来，就等于浪费3000多元。现在，井场无现成小套管，需从克拉玛依拉，来回最少要耽误两天生产时间。应该尽一切努力打捞起掉入井底的三根套管。于是，陈队长及时组织当班工人认真分析井下情况，果断地提出采用“鱼钩”原理进行打捞的方案，并就地画出了草图。经过反复进行模拟试验，证明此方案有一定的可靠性。陈队长便从废料堆里找来旧接头，制成了“鱼钩”。他又亲自精心操作打捞，终于用“鱼钩”钩住了套管的管玄，将落入井底的三根套管顺利地打捞上来。

△原文来自1981年4月29日《新疆石油报》，本报记者张金山。

浪花里飞出欢乐的歌

碧水，蓝天。阳光在古铜色的皮肤上灼灼发亮。“啪”一声枪响，池里激起一片浪花。瞬时，喝彩声、惊叹声、加油声汇成了一阵喧腾的热潮……这是8月25日在电厂举办的白碱滩地区首届青年游泳比赛中的一个镜头。来自钻井处、二厂、电厂和供水白碱滩大队等单位的近200名运动员汇集在这里。游泳池边，挤满了助阵的观众。昔日是茫茫一片戈壁的白碱滩，如今荡漾着新一代油城人的欢声笑语，洋溢着青春的活力。

男子 100 米蛙泳第二小组的比赛尤为激烈精彩：7 名运动员在跳台上一字摆开，发令枪一响，7 条“蛟龙”争先恐后地破浪向前。只见第二泳道上的一个小伙子在十几米处脱颖而出。他到了对面池壁，一个漂亮的水下翻身，一路领先。60 米、70 米，眼看这个小伙子就要稳操胜券，忽然，人群中爆发出一阵惊叹。原来，第五泳道上的小伙子竟然赶上来了，2 米、1 米、50 厘米，一步一步赶齐第二泳道的小伙子。人群沸腾，加油声此起彼伏。两名运动员像两支利箭，两双有力的手臂同时劈波斩浪，还有 10 米，还有 6 米……到了，人群中一阵呐喊，只见两只手同时触到终点池壁，两只秒表同时指向“1 分 42 秒 3”，并列第一！这两个小伙子，一个是电厂汽机分场的仇克江，一个是供水大队的李刚，他们创造了这次游泳比赛的第一批纪录。

男子 100 米自选式比赛开始了。一个身材修长的小伙子走上了跳台。他叫张丽军，今年 24 岁，电厂电气分场的工人。提起小张，还有一段故事呢，1980 年小张初中毕业后，进了电气分场当工人。当时，小张经常和社会上一些不三不四的人交往，酗酒、打架、无故脱岗、迟到，在公安局都挂上了号。但是，分场领导和周围的同事、他的对象一齐帮助他。慢慢地，过去留长发、穿奇装异服、不守纪律的小张不见了，变成一个工作认真踏实、能挑重担的小张了。去年上半年以来，在厂里开展的千次操作无差错活动中，小张成为电气分场最先达到标准的工人之一。今年 5 月 10 日，小张在操作中，突然发现“3513 — I”刀闸烧红，一场烧毁设备、停电的恶性事故迫在眼前。小张临危不惧，及时地采取了措施，避免了一场重大事故的发生，荣立一等功。今年上半年，他被评为先进安全生产者。这次，小张推迟了探亲时间参加比赛。他奋力拼搏，不负众望，取得了较好的成绩。

听，枪声又响了，接力赛开始了。浪花朵朵，欢声阵阵。瞧，运动员那劈浪搏击的劲头，不正象征着我们油田青年们奋发向上的精神风貌吗。

△原文来自 1985 年 9 月 14 日《新疆石油报》，本报记者周晓峰。

钻井处解决了子女入托入学难的问题

钻井处关心儿童教育事业，采取有效措施从根本上解决了子女入托入学难的问题。

钻井处所在的生活基地白碱滩，居住着 1 万多名钻井工人，有 3000 多名儿童。前几年偌大的白碱滩只有两处不到 1000 平方米的幼儿园，仅限于少数双职工的孩子入园，许多职工只有把孩子送回家乡投亲靠友托人代养就学，父子之间天各一方，很不放心。

近年来，钻井处先后拨专款修建了五所幼儿园，建筑面积 8000 平方米，在每一个居民区域都增设了托儿所。又把原来中小学合用的学校扩建为中心小学。从而基本上解决了本处职工子女的入托、入学问题。为了对儿童进行系统的文化知识教育，该处分期分批地选送 45 名幼儿教师到国内其他省份进行正规培训。现在，托儿所、幼儿园办起了识字班，小学开办了学前班。老师、阿姨们由过去只管“哄孩子”，发展到讲求知识性、思想性、娱乐性，科学育儿。该处幼儿园多次获得局市和自治区幼儿智力开发、幼儿运动会、游园活动等方面的奖励。现在，职工们再也不把孩子送到国内其他省份了，过去送到外面的孩子都被纷纷接回来送到幼儿园和小学。家长们说，孩子在这里吃得好、玩得好、学习得好，我们放心了。

△原文来自 1986 年 8 月 16 日《新疆石油报》，本报记者廖仕兴。

△《白碱滩石油建设纪实》根据历年《新疆石油报》资料，由现任《白碱滩文史资料》副主编俞安琼整理、编辑。本文内容由克拉玛依日报社提供。

克拉玛依之最

刘保宏

△克拉玛依第一口探井是黑油山 1 号井，1955 年 7 月 6 日开钻，10 月 29 日在井深 620 米处完钻出油，担负钻井任务的是由 8 个民族、36 名职工组成的新疆石油公司独山子矿务局钻井处 1219 青年钻井队，技师（队长）是陆铭宝，副技师（副队长）是阿拜依拉木・艾山。

△克拉玛依第一支消防队伍是克拉玛依钻探处消防班，成立于 1956 年 5 月 1 日，当时有尕斯 51 车 1 辆和 8 名消防队员。

△第一支来克拉玛依参加石油建设的转业部队是中国人民解放军北京军区组建的“石油钻探团”。全团 2043 人，团长潘振华，政委张文谦，1956 年 4 月 20 日到达乌鲁木齐，编成 37 个钻井队集训后于 6 月赴克拉玛依和独山子矿区。

△克拉玛依原油生产第一次执行国家计划是 1956 年 6 月，试采原油 1313 吨，完成国家计划的 109.4%。

△克拉玛依第一口试采井是 25 号井，1956 年 8 月 1 日开始试采。

△克拉玛依第一个粮店是伊犁州粮食局克拉玛依粮食供应管理站，1957 年 1 月 1 日成立，张绍连任站长。

△克拉玛依第一条输水管线是中拐—克拉玛依输水管线，1956 年

9月24日动工，1957年5月22日竣工投产，8吋管线全长42公里，日引水能力3000立方米。从此，结束用汽车拉水的历史。

△克拉玛依第一口注水井是二中区15号井，于1958年3月11日试注成功。

△克拉玛依第一个实现钻井“月上千”的井队是克拉玛依矿务局钻井一大队张云清钻井队。从1958年3月1日至26日，钻井进尺1155米。

△克拉玛依第一个创造全国试油最高标杆的试油队是克拉玛依矿务局试油大队试油4队。1958年4月1日到4月30日止，月试油9层。

△克拉玛依第一座炼油厂是克拉玛依矿务局炼油车间，1958年5月26日成立，当时有职工7人。

△克拉玛依第一支女子采油队是克拉玛依矿务局采油一大队“三八”女子采油第九队，简称“三八”采油队，创建于1958年7月16日，当时有队员35名，王松雪任副队长，吴佩虹任指导员，这也是全国第一支女子采油队。

△克拉玛依第一条铁路是克拉玛依矿务局技术作业大队—器材供应站铁路，1958年7月13日动工，7月26日通车，全长2310米，最大负重150吨。

△克拉玛依第一个钻井“月上千满堂红”单位是克拉玛依矿务局钻井一大队，1958年8月该大队17个井队全部“月上千”，其中“月上双千”队3个，“月上三千”队1个。

△克拉玛依第一个钻井“月上双千”的井队是克拉玛依矿务局钻井一大队1237钻井队，1958年6月5日至7月2日，进尺2039米。

△克拉玛依第一个钻井“月上三千”的井队是克拉玛依矿务局钻井一大队1237钻井队，1958年8月5日至31日，进尺3181米。

△克拉玛依第一个钻井“月上四千”的井队是克拉玛依矿务局钻

井一大队1237钻井队，1958年9月仅用27天进尺4115米。

△克拉玛依第一支女子钻井队是克拉玛依矿务局浅油层钻井大队“三八”钻井队，成立于1958年8月7日，当时有队员33人，吴淑华任指导员，刘小昭任技术员。

△克拉玛依第一口日产上百吨的油井是白碱滩的193号井，井深2275米，1958年4月8日开钻，8月29日完钻，9月19日喷油，10毫米油嘴日产量272吨，改用7毫米油嘴日产量138吨，这也是全国第一口日产上百吨的高产井。

△克拉玛依到乌鲁木齐的民航班机首次通航是1958年10月9日。

△克拉玛依第一条输油管线是克拉玛依—独山子输油管线，1958年5月1日破土动工，1959年1月10日竣工投产，年输油能力53万吨，管线直径159 ~ 168毫米，全长147公里，是当时全国第一条长距离输油管线。

△克拉玛依第一个无电缆井下电热器1958年8月5日由克拉玛依矿务局采油大队试制成功，这也是全国第一个无电缆井下电热器。

△克拉玛依原油首次东运是1959年1月19日，当年东运原油6515吨。

△克拉玛依原油年产量首次上百万吨是1960年，年产量为163.67万吨，占全国当年天然油产量的39%。

△克拉玛依第一座阴极防腐站1962年3月建成，位于克拉玛依—独山子输油管线距首站7公里处，这是当时全国第一座埋地金属阴极防腐站。

△克拉玛依第一位女职工是杨立人，1955年12月15日正式调来克拉玛依，当时为井队泥浆化验员。

△克拉玛依第一个钳工是李可明，1955年6月15日来克拉玛依。

△克拉玛依第一个地质员是王秋明，1955年6月15日来克拉玛依，

当时为井队副地质师。

△克拉玛依第一个食堂管理员是王柱民，1955 年 6 月 15 日来克拉玛依。

△克拉玛依第一个医生是燕建铭，1955 年 6 月 15 日来克拉玛依，当时为医士。

△克拉玛依第一个报务员是苏秉华，1955 年 6 月 15 日来克拉玛依。

△克拉玛依第一批司钻是宁元兴、李世顺、荆义田、谢达楼，1955 年 6 月 15 日来克拉玛依。

△最早来克拉玛依工作的中共党员是宁元兴、王柱民，1955 年 6 月 15 日来克拉玛依，当时分别任钻井队司钻、食堂管理员。

△克拉玛依第一个邮递员是马成荣，1955 年 9 月来克拉玛依。

△第一位到克拉玛依视察工作的石油工业部部长是李聚奎，于 1955 年 12 月来克拉玛依。

△克拉玛依第一位钻井处长是独山子矿务局黑油山钻探处处长秦峰，1956 年 4 月 14 日任职。

△克拉玛依第一个水电站是独山子矿务局水电站，成立于 1956 年 4 月 14 日，当时有职工 39 人。

△克拉玛依第一位全国劳动模范是张恺，1956 年 5 月被中共中央、国务院授予“全国先进生产者”称号，当时任克拉玛依钻探处主任地质师。

△克拉玛依矿区党委第一任书记是只金耀，于 1956 年 9 月 1 日任职。

△克拉玛依第一例手术是 1956 年 9 月 25 日至 26 日，克拉玛依矿务局医务所黄一中、王景昶、燕建铭等医护人员在帐篷里给司机王守义做的阑尾炎手术。

△克拉玛依第一个气象员是王致德。1956 年 12 月 1 日，用气象

仪器记录下了克拉玛依气象史上的第一个数据。

△克拉玛依出生的第一个婴儿是陆克一，生于1956年12月21日，父母是陆铭宝、杨立人。

△克拉玛依第一次使用原子能同位素放射测井是1957年1月30日至2月6日，这也是新疆石油工业首次使用原子能放射测井。

△克拉玛依第一次深井压裂成功是1958年5月8日，由克拉玛依矿务局采油大队修井一队在217号井进行。

△克拉玛依第一位炼油工程师是李淑珍，1958年5月26日任职。

△克拉玛依第一任市长是秦峰，1958年7月28日当选。

△克拉玛依第一位全国“三八”红旗手是卡依霞·库赛根，1960年3月被全国妇联授予该称号，当时任克拉玛依矿务局浅油层钻井大队“三八”钻井队副队长。

△克拉玛依第一位博士是翁振渊，1962年9月11日来到克拉玛依，当时为副博士，任克拉玛依炼油厂副厂长。

△党和国家领导人为克拉玛依的第一份题词是中共中央副主席、中华人民共和国副主席朱德1958年9月12日题写的“为钻井两万口，生产石油两千万吨而奋斗”。

△第一位到克拉玛依视察工作的党和国家领导人是中共中央副主席、中华人民共和国副主席朱德。1958年9月11日至13日，朱德在克拉玛依听取准噶尔盆地石油开发工作汇报，出席克拉玛依矿区先进生产者大会，视察黑油山、“三八”钻井队、“三八”炼油厂、“三八”采油队、张云清钻井队、乌守尔安装队，并为克拉玛依油田题词、为《新疆石油日报》题写报头。

△克拉玛依第一位全国人大代表是克拉玛依矿务局井架安装大队五级架工吐尔逊·阿吉，为第二届全国人大代表。

△克拉玛依首次荣获全国先进单位称号的是克拉玛依市邮电局、

克拉玛依矿务局及所属油田处采油一大队二队、钻井处钢铁钻井队，1959年10月在全国工业、交通运输、基本建设、财贸方面社会主义建设先进集体和先进生产者代表大会上，被中共中央、国务院授予全国先进集体称号，并荣获锦旗一面，上书“为把我国建设成一个具有现代工业、现代农业和现代科学文化的伟大的社会主义国家而奋斗”。

说明：本资料截至1966年5月，资料中的克拉玛依指克拉玛依矿区，不包括在克拉玛依市行政区划内的独山子矿区。

△作者时任新疆石油管理局、克拉玛依市党委史志办公室副总编辑，现任克拉玛依市党委史志办公室（市档案馆）三级调研员。本文摘自1998年1月新华出版社出版的《克拉玛依四十年》一书。

往事追忆

挺进黑油山

陆铭宝

一

1955 年 6 月 14 日，我们新组成的青年钻井队向黑油山进发了。

6 月的天气，虽是初夏，但戈壁滩上迎面扑来的热风，却燥得车上的人们有些喘不过气来。不过，人们在车上还是又说又笑，甚至有的小青年竟仰起脖子纵情歌唱起来。

心情是兴奋的。因为我们是第一个肩负着重任，挺进黑油山的青年钻井队，我们就要赶到那里开辟新的战场了……

黑油山，位于准噶尔盆地的西北边缘。据地质专家们推测，这里在两亿年前就开始溢油，后来便形成了奇形怪状的“沥青丘”和“沥青湖”。1955 年 1 月，在北京召开的第六次全国石油地质勘探会议上，决定要在黑油山打探井，并决定先由独山子矿务局派出一个井队。这一消息极大地振奋了独山子石油工人。因为当时除玉门油田外，还尚未发现一个大油田。如果能在准噶尔盆地找出个大油田来，这岂不是新疆石油工人的光荣和骄傲！何况，国家的建设又是那样急切的需要油。于是，人们纷纷报名要求参加青年钻井队，挺进黑油山。最后，我们这一支由 8 个民族、36 个人组成的青年钻井队向黑油山进发了。愿望终于变成现实，我们就要去用自己的双手去打出第一口探井来，用豪迈的脚步开拓出一个大油田来，谁能不为之振奋！

汽车在戈壁滩上颠簸着。车上的人们仍兴致未尽地欣赏着这茫茫戈壁。过去，一听“戈壁滩”三字，心里总不免有些发忧，而现在我们就置身于戈壁滩的怀抱，竟感到这样的亲切：看那一簇簇、一堆堆的红柳，绿中透红，亭亭而立；看那一团团、一片片的梭梭柴，朝气蓬勃，生机盎然。甚至我们还几次看到了成群的黄羊在戈壁上追逐。看着这一切，我们真嫌汽车跑得太慢，恨不能立刻赶到黑油山。

二

到了黑油山，是第二天的中午时分。只见 1 号井巍然屹立在离我们停车处只有五六十米开外的地方（这井架是我们来之前由独山子安装部的工人安装起来的），不少同志一下车，便蹦跳着向它扬起了双手。

脚下，就是我们的家了；井架下，就是我们的阵地了。说是家，什么都没有，只有脚下的沙砾一片，只有周围的梭梭柴为邻。这天晚上，我们就露宿在戈壁滩上。经过两天的汽车颠簸，人们确实有些疲劳了，有的已带着微笑进入梦乡，有的还在呜呜喳喳，好像在说什么悄悄话；有的虽然躺在那里，却静静地望着星空出神，像在凝思今后的战斗生活应该如何度过，自己的青春应该怎样去放射出灿烂的光华。我呢，心里只感到有些不安，因为我是第一次远离领导和矿区独立组织作战的。但当想到我们全体青年队在出发前曾经向党表的决心时，又有一股信念的力量在心里激荡着。又何况，在我们的身边，还有钻井处马骥祥坐阵呢!

第二天，我们全体队员便投入了钻前的准备工作。当时，我们全队的口号是：“安下心，扎下根，不出油，不死心。”这12个字，是我们出发前向党表示的决心，也是我们全体青年队员挺进黑油山的誓言。可是，要真正在这里立住脚、扎下根，也并非那么容易。那时，这里几乎没有什么可以长期生活的条件。戈壁茫茫，只有头上的青天；脚下的沙滩，没有遮风避雨的住处，没有可供生活的水源；风沙经常肆虐、蝇蛇到处横行。在生活上，有时想吃一点青菜都很困难。这一切，并没有使青年钻井队员们产生一丝动摇。没有住处，就露宿戈壁滩；缺乏生活用水，就喝小西湖带有硫化氢气味的苦水；蚊蝇叮咬，就戴上防咬面罩；没有青菜吃，“望柳解馋”一番也行。有时，夜间突然起风，被子被掀翻，蚊帐被刮跑，碗盆丁当，无影无踪，人们难以安眠。但青年队员从未怨天尤人，只是赌气骂一声“老天”，或一笑了之。全体青年队员就是在这样的艰苦环境中，以革命的乐观精神和大无畏精神，积极进行着开钻前的准备工作：平整场地，摆放管子，整修设备，配泥浆，忙得热火朝天……

三

7月6日，黑油山1号井终于胜利开钻了。钻机高歌，转盘飞旋，整个井场沸腾了。茫茫戈壁似乎突然爆发出青春的活力；成吉思汗山好像发出了回响，为石油工人助威呐喊；戈壁红柳、梭梭也好像在随着钻机的歌声翩翩起舞；钻塔上空正飘着几缕白云，像是天仙为石油工人晾着的汗巾，随时准备飘下来为工人擦污揩汗似的。

钻台上，司钻荆义田正精神抖擞地手握刹把，眼盯着指重表，脸上透出庄严兴奋的神采。他是刚由副司钻提上来的，干劲大、热情高、信心强，立志打好 1 号井。其他同志也个个精神抖擞，手脚勤快地坚守在各自的岗位上。

正是盛夏的季节，天气很燥热，戈壁滩上的温度常常是零上四十几摄氏度。头上烈日晒，脚下戈壁烤，苍蝇虻蚊叮咬周身，叮处肿胀痛痒难忍。但同志们咬紧牙关，坚守岗位。有时生活用水没有了，同志们便喝从小西湖拉来的苦水解渴。喝下这种水，经常弄得人们拉肚子，同志们却从未叫过苦。那时，队上就是那个条件，全队只有一辆汽车，既负责从小拐拉生活用水，又负责从小西湖拉生产用水。有时为了保证满足生产用水的急需，生活用水便受到影响。但作为当时的那位司机同志，他确实是做出了最大的努力。有一次，他去小拐拉生活用水，车到半路汽车水箱没水了。他为了及时把水拉到队里，赢得时间再到小西湖拉生产用水，便独自一人步行十几公里去提水箱里的水。当汽车从小拐拉上生活用水之后，便又连夜返回队里。第二天又急急忙忙地到小西湖拉生产用水去了。那时候，青年队员们就是以这种只争朝夕和吃苦耐劳的精神，日日夜夜战斗在各自的岗位上。

钻井工人的汗水在流淌，地下的井尺在加深。可是，不料打到 300 多米处在提完钻之后，突然发生了井喷，水柱呼啸而出，带出的石头打得井架“啪啪”作响。这种情景，井场上的好多人未曾见过。我虽见过，但却未曾处理过。所以人们一时地都蒙了。

必须组织压井制住井喷！但是，钻具不在井里如何压井？同时，井上也毫无准备，根本没有充足的压井泥浆。怎么办？第一步，必须冒着井喷和石子击伤的危险，先把钻具下到井下。于是，我们组织人员拼死拼活地终于把钻具下到了井里，井口可以控制了。可是，压井的泥浆如何解决？那时，还未发现当地有可配泥浆的土，所用配泥浆的土都是从独山子运来的。在发生井喷之后，我们虽然及时地向独山子报告了井喷情况，并要求支援压井材料，可是要从独山子运来，因当时未修公路，仅单趟行程就得两天。两天时间，就这样任它自喷？而且，井身壁又会遭到怎样的破坏？我们必须想方设法抢时间，争取尽快地把井喷制住！这时，有人提出，只有回收泥浆，才能救急。于是，我便组织全队人员紧急行动。有端脸盆的，有提铁桶的，有拿碗缸的，有用双手捧的，七手八脚地回收起泥浆来。全身湿透了，不管；衣裤脏了，不管。大家只有一个信念：赶紧回收泥浆，尽快压住井喷！最后就是用这些回收起来又经过一番过滤的泥浆，再加上独山子运来的泥浆材料，终于把井喷压住了。成功的兴奋，胜利的喜悦，使每个钻井队员欢欣鼓舞，有的竟手舞足蹈地欢呼起来，有的蹦高儿撒起了大欢儿。

这次井喷，确实出人意料，可是它却给了我们新的启示和希望：井喷本身说明了，既然地下有水层气层，那么在它的下边就有可能存在着油层。这种希望，又进一步激励和鼓舞着全队职工更加朝气蓬勃地继续战斗。虽然戈壁烈日灼人逼人，脸烤黑了，皮肤晒脱皮了，但没有一个叫苦的，干劲依然十足；虽然蚊蝇经常像注射针一样地叮刺着皮肉，但人们只是一拍了之，没一个打退堂鼓的；虽然在生活上经常缺水少菜，但人们以苦为荣，没有喊怨的。钻井队员们就是以这样的革命精神，经受着艰苦环境、艰苦生活的锻炼和考验，日夜战斗在井场上。终于，经过三个多月的奋斗，1 号井胜利完钻了。

四

完钻之后，全体钻井队员有说不尽的喜悦。但为了能亲眼看到自己用辛勤劳动打成的第一口井出油，钻井队员们又信心百倍地承担了这口井的试油任务……

这一天，当清水替出井内泥浆之后，井下的油气就拼命地涌向了地面，顺着管线喷进了油池内——

“出油啦——喷油啦！”在场的人们欢呼着，

钻台上的人们奔下来了，

地窖里的人们飞奔来了，

正在做饭的炊事员们赶来了……

井场上沸腾起来了。有的欢呼，有的跳跃，有的舞蹈，有的大笑。甚至有几个青年竟兴奋地捞起原油抹在脸上，嘻嘻哈哈地追逐着，打闹着，尽情地享受着经过奋斗而取得胜利的喜悦和欢乐……

我记得，这一天是 1955 年 10 月 29 日。

我们的决心，终于变成了让人振奋的现实；我们的誓言，终于唤醒了沉睡万年的戈壁；我们为祖国寻找大油田的坚强信念，终于化作了奔突喷泻的黑色油流……

不久，我们便又接受了新的任务，开赴黑油山 2 号井位，又开始了一场新的战斗。

△作者曾任新疆石油管理局钻井副总工程师。本文选自《钻井公司志》。

在一区开发的艰苦岁月里

范荣义

采油三厂的前身——采油三大队于1960年1月开发一区时正式成立，我任大队长。当时前苏联专家和技术人员撤走回国了，我国又逢多年难遇的自然灾害，各种物资供应十分紧张，国家处在极度困难之中。我们的一区开发工作就是在这样的情况下开始的。

一区的开发建设工作经历了不同寻常的岁月，走过了极端艰难的路，是石油工人艰苦奋斗，拼命发展我国石油工业的典型写照。

1960年1月，夺油会战打响了，我们大队是开发一区的主攻力量，负责投产采油。时值寒冬腊月，北风刺骨，冰天雪地，吃的住的全无着落，生产条件也无从谈起。记得当时仅有的投产条件是：西区六号站的一个露天管汇，一个分离器。连采油工具管钳都不能保证一站一把，全大队只有一把24寸和一把36寸的管钳及一副古老的2½寸的板牙架子。

大家不叫苦不叫累，不等不靠，加班加点地进行新井投产，星期天也从来没有休息过，有的同志甚至献出了宝贵的生命。

在油田生产初期，我们清蜡工作中面临着一系列的问题，如缺绞车，少钢丝，没有运输工具，严重威胁油井的正常生产。在这种情况下，我们充分发挥人的主观能动性，土法上马制作清蜡设备。在加工机械缺乏的情况下，工人王尚喜、高友义，动脑筋想办法制造出了土绞车、刮蜡片。为保安全生产，以杨光孚为代表的工人，在零下30多摄氏度的低温天气里，脱掉手套，光着手摸钢丝，检查有无沙眼，使我们当时在场的干部和工人很受感动。

在一区开发的当年，职工吃住上的问题是比较突出的。

住的是钻井工人留下的几个旧地窖，但满足不了需要，大部分职工只得住在值班房，睡地铺。职工生活供给更成问题，副食不说，主食供应也不能保障，经常处在饿着肚皮搞生产的境地，很多人由于营养不良而得了浮肿病。职工队伍也产生了一些思想波动，流传着“三级工，四级工，不如农村一把葱”的说法，有个别同志离队了，但绝大多数同志的思想仍然是稳定的，紧紧地团结在队领导的周围，自己动手搞供给，办副业，度过暂时困难，保证原油生产的顺利进行。

在油田生产管理上，我们不断摸索探求新的经验、好的做法，加以推广，使管理水平逐步得到提高。1963年1月，我们在全队范围内开展了样板站、井口规格化活动。严冬时节，滴水成冰，干部和工人团结一心，向严冬宣战，向戈壁宣战，顶刺骨寒风，冒鹅毛大雪，不分昼夜地战斗在井场。在很短的时间里，全大队的井、站管理水平得到了很大的提高。四队的1号站、五队的10号站、六大队的103岗位等都达到了样板站、井口规格化的标准。工人谢明春夫妇在2279井上几天几夜不下井，搞出了规格化的“夫妻井”成为全队学习的榜样，受到领导的表扬。在此基础上，我们以典型引路，全大队迅速掀起了规格化、样板站活动的高潮，实现了井、站规格化，这是我们在油田生产管理上的一大进步。

紧接着，我们又把管理工作目标从地面转入地下，根据石油工业部领导提出的采油工“工作岗位在地下，斗争对象是油层”的响亮口号，开展岗位大练兵、取全取准资料的活动，实行定人定井“地宫”活动制，群众性的油水井分析活动在全厂开展得轰轰烈烈。领导干部，特别是技术干部，做出表率。当时地质科的冈秦麟，为取全取准第一手资料，经常忍饥挨饿，步行往返于克拉玛依市至一区之间，以自己的模范行动赢得了广大职工的赞扬。

1964 年 3 月，开展了油田调整大会战，为确保会战获胜，采油三厂组织了有厂领导及工程、地质等部门的工程技术人员参加的领导班子，吃住在现场，做到了生产指挥调度到现场，材料供应到现场，生活供应到现场，处理问题到现场，鼓舞了职工的热情，激发了职工的干劲，使会战不断创出成绩，刷新纪录。修井战线广大职工提出了“四个一”（即：一个班修一口井，一鼓作气一次成功）的响亮口号，从而大大推动了油田调整会战的进程。当时，修井一队首先创造出了“轻压快干，一次成功”的好成绩，受到部里的好评，被命名为“优质高速井下作业队”。

在油田开发实践中，我们从成功与失败中不断总结经验和教训，建立干部、工人岗位专责制度。首先从干部自身抓起，实行干部参加劳动制、夜间值班制，干部值班规定要检查 7 个岗位的生产情况。有问题到现场解决，解决处理问题不超过 24 小时。有一年冬天，二队 13 号站的一口井清蜡中落物，干部和工人一同打捞 24 小时不下井场，一直把落物打捞上来为止。工人顾小贤所管 2508 井管得好，管出了高水平，我们就在全厂推广他的管井经验。在这个基础上建立了一套采油工人岗位责任制，如巡回检查制、交接班制、安全操作制等等，并在实践中完善充实，从而加强了油田管理，提高了科学管理水平。

总之，在一区油田生产开发中及采油三厂这个原油生产基地的建设中，我们度过了不同寻常的岁月，走过了一段艰难而坎坷的路程，不论从生产条件、技术条件、管理制度等方面，还是从生活设施、生活待遇上讲，都经历着从无到有、从小到大、从落后到先进、反复实践、不断发展壮大的历程。从一区的开发到采油三厂基地建立的全部过程，都是在党的领导下我们这一代石油工人用汗水和鲜血换来的。

△作者曾任采油三大队第一任大队长。原文来自《60年代国民经济调整时期的克拉玛依油田》一书。

荒漠险道铺五彩

1981年9月下旬，钻井处运输大队30名汽车司机接受了为彩参1井拉运首批钻机设备的任务。从克拉玛依到五彩湾，走北路，要经乌尔禾，过夏子街，全程560多公里，路况差，汽车行驶艰难。

9月21日，30名司机驾驶着28辆重型卡车从白碱滩出发，过乌尔禾，再向北行驶18公里，便向东拐，上了砂石土路。这条路，还是23年前地质普查勘探人员踏勘出来的一条简易道路，几十年的风化剥蚀，路面更加坑坑洼洼，坎坷不平，汽车行驶在这样的路上，就像跳摇摆舞，剧烈地颠簸，一不小心，司机的头就会碰到驾驶室顶板。司机阿不都肉孜在装车时，不慎砸伤右脚，肿得穿不进鞋，只穿着袜子操作，路面坑洼一个接一个，需要不停地踩刹车，脚一用力便疼痛难忍，可他却顽强地坚持下来了。司机王忠文临行前患了重感冒，上路以后，加上汽车剧烈颠簸，更使他头昏脑涨，恶心呕吐，全身无力。往常，操作方向盘轻巧自如，现在却要付出全身气力，他多么想停车休息一会啊！但是他想，车一停，不就要影响集体行动吗？于是，他左手操作方向盘，右手取出自备的药品和水壶，边行驶边吃药，坚持工作，没停一分钟。

由于长时间剧烈颠簸，车辆故障不时发生，因此，能否及时地排除故障，这是车队面临的又一个考验。9月22日下午，一台拖车突然熄火，司机王天友接连发动十几次没有成功，修理工杨支闲根据发动时机器的响声，判断是油路不通，便手压小油泵再次发动，仍无效。天已大黑，没有照明，如何查找故障原因？他俩望着前面逐渐消失的汽车尾灯，心情更加焦急。

这时，负责这次长途运输的安全员、老司机欧顺从后面赶来，他问明情况后想了一个绝招，带头拾来梭梭柴，点起火来照明。欧师傅凭着20多年开车的实践经验，他顺着油路摸去，摸到了一条二寸多长的裂缝。故障找到了，但是要排除这样严重的故障，既无新油管更换，又无焊接工具，真是难事之中出难事啊！但老欧毫不灰心，反复捉摸，终于想出了一个办法，他锯掉了油管的断裂部分，用胶皮管连接起锯断的油管两端，外用细麻线绑紧，再用细铁丝加固，一试车，这办法还真管用哩。

车队继续向前行驶，一个更艰巨的考验，摆在了他们面前。9月23日，车队刚驶离温泉县不久，前面出现了一望无际的大沙漠。这段沙漠路，全程120多公里，其中40多公里长的地段全部为细流沙，草不生，树不长，汽车只能一寸一寸地爬行着。即使这样，车子仍常常被流沙捂住。请看他们的行车记录吧，23日，陷车152次，前进了3公里；24日，陷车98次，行程16公里；25日，陷车36次，行程24公里。40多公里的流沙路，整整走了3天3夜。从这几个简单的数字，你一定会想象到我们的运输职工是怎样在战天斗地吧！由于陷进流沙里的车辆多，仅有的一台拖拉机忙不过来，同志们就齐心协力地推车前进；车轮陷得深，挖沙的铁铲不够用，大家就趴到车底下用手挖，手套磨破了，手指起了大血泡，谁也不叫一声苦。9月24日下午，沙漠里突然刮起七八级大风，暴雨倾盆，挖沙推车前进的司机没有一个钻进驾驶室，全身湿透，仍然坚持战斗。由于大风暴雨的袭击，80%的同志着凉感冒，发了高烧。50多岁的安全员欧顺把自己的皮大衣让给有病的同志穿，结果他自己受凉引起重感冒，高烧39.5摄氏度，还争着替换别人开车。司机艾赛买买提因淋雨受凉，走不到两公里就要拉一次肚子，带队领导决定用小车送他住院，他坚决地说：我不能离开工作岗位，我要和同志们一起战斗到底。硬是谢绝了领导和同志们的关怀。

9月25日，这是进入沙漠的第3天，再走20多公里就要穿过沙漠，渡过难关了。但是饥饿和干渴又向他们袭来。原来，他们按4天旅途准备的干粮已经全部用完。这天早餐，队长张全禄拿出自己平时省下来的两个馕和小半壶水，分给大家当了午饭。中午，唯一的食品就是欧顺师傅剩下的两个鸡蛋，他把鸡蛋分给大家，谁都不接，推来推去，都建议给重病号吃。当老欧把鸡蛋送到重病号艾赛买买提面前时，他感激地说：嗨，我能坚持住。前面路还远，应该把它留到最困难的时候。推来推去，鸡蛋总没人要。这时，老欧猛然想起早上的一件事：早饭不久，他去叫拖拉机时，看见拖拉机手周建农正在拾别人丢掉的西瓜皮。拾瓜皮干什么呢？老欧当时没有在意，现在却一下明白了，便对大家说：周建农是我们的开路先锋，没有他，我们有可能困死在荒漠之中。这鸡蛋应该送给他吃。此时，周建农正无力地躺在驾驶室里，劳累和饥饿早已使他精疲力尽了。原来，周建农出发时是临时接到的通知，没有来得及准备干粮，昨天下午就断粮了，几次饿得昏过去，却一声不吭，驾驶着拖拉机跑前跑后，拖出了一辆又一辆陷进沙坑的车。今天上午，他饿得实在不行了，便拾瓜皮充饥，尽管瓜皮味道不好，但他觉得这比当年红军吃草根树皮要好多了。老欧把鸡蛋送到周建农的面前说：这是我们全体司机的心意。“不，我能坚持住，还是留给重病号吃吧。”老欧命令道：不要推辞！你一定要收下。我是安全员，不仅要保证汽车行驶安全，还要保证你的身体健康。周建农推辞不过，双手接过鸡蛋，顿时，他心中涌起了一股力量，只见他挺身而起，操纵着拖拉机又继续前进了。

就这样，全体司机团结一致，互相关心，互相配合，协同作战，艰苦奋斗5昼夜，终于战胜了沙漠、饥饿和病魔，突破道道难关，用心血和汗水谱写了一曲长途运输的凯歌。

△原文来自1981年10月28日《新疆石油报》，记钻井处运输大队部分司机为彩参一井拉运钻机设备的事迹，本报特约记者赵先明。本文由克拉玛依日报社提供。

传承精神和荣耀

在父亲李海法眼里，儿子的野外工作实在算不上辛苦，与自己这一辈人相比，现在的石油工人真的很幸福。

作为家中的第二代石油人，儿子李德林 8 年的野外钻探生活也让他深深地体会到了父辈的艰辛和奉献。

穿过梭梭林到油田

今年 84 岁的李海法，偶尔还会冒出几句朝鲜语，那是他参加抗美援朝战争时学会的。

在他看来，如果说战争时期几经生死的日子是难忘的，那么来到克拉玛依后战天斗地找石油的日子，同样值得纪念。

1956 年 2 月，转业后的李海法分配到了克拉玛依，成了这里的第一代石油人。那年，他 25 岁。

他清晰地记得坐车到克拉玛依时的情景。在漫无边际的戈壁滩中，除了卡车发动机的轰鸣声，就是车外树枝剐蹭车身的声音，因为车子始终是在梭梭林和土包中穿梭而行。到达的时候，天已经黑了，只能依稀看到远处星星点点钻塔的灯光。第二天他才知道，他所在的地方，就是现在的黑油山。

一间房子住三十二个人

在帐篷里住了小半年后，7 月李海法被分配到了试油大队。来到了白碱滩，住在一间不足 20 平方米的房子里，但里面却住着他们全队 32 个人。上下铺层层叠叠的屋子里，充满了油味儿、汗臭味儿。那时大家喝的水都不够，更别提洗澡了。

有时碰上水车坏了，好几天都喝不上水，留在盆底的水一遍遍澄清后，就成了“救命水”。

入冬后，气温降到零下 42 摄氏度，李海法穿着厚厚的老毡筒，顶着风上井。

为了鼓舞士气，各班组织劳动竞赛。他所在的试油五队二班赢得了先进班级，奖励一台收音机，这是他第一次获奖。

当兵时，李海法只想保家卫国；当了石油工人，他依然想着为国奉献。他的一腔爱国情怀，自然而然地转到了这片戈壁滩上，转到了为祖国献石油的热情上。

新婚三天回到岗位

1957 年的春节，26 岁的李海法回河南老家探亲，经人介绍，他认识了 23 岁的洛阳姑娘张秀芳。见面第二天，两家就订下了婚事。

“俺爹说他是工人，每个月有工资，把我许给他，以后不会吃苦。”但张秀芳没想到，跟着李海法，她后来吃的苦还不少！

新婚第4天，李海法假期结束，撇下新婚妻子，独自返回克拉玛依。一年后，他发去电报让张秀芳来疆，到克拉玛依一起生活和工作。

虽然从未出过远门，但怀揣着一腔石油工人家属向往新生活的激情，张秀芳来到了克拉玛依，很快当上了一名采油女工。

在成为采油女工的第二天，身材瘦小的她以一人打了500多个土块的成绩，被树立为全队的学习榜样。到克拉玛依后，她看到丈夫一心扑在工作上，她不愿被人比下去。

三根手指被齐根削掉

1958年5月，李海法当上了试油大队分队的队长，他对自己要求更加严格了。

一次井队在井上加班，正好赶上大风天气。顶着风，准备交接班的李海法又一次检查井架。

可就在这时，风速陡然变大，李海法看到井架上一根钢筋滑出了原来的轨道。

担心因此导致停产，李海法爬上了30米高的井架。当时已近凌晨，微弱的灯光下，队友们看着李海法一手抓着上升的背带，一手去拨滑出轨道、在风中飘荡的钢筋。

30米的高空中，想要徒手将滑轨的钢筋放回原位谈何容易。一次、两次、三次……李海法想要徒手抓住钢筋，但都失败了。

"快下来，太危险了，交给下一个班处理吧。"队友们在下方喊。

"我弄好了就下来。"井架上的李海法大声回答。他深吸了一口气，左手紧紧捏着固定自己的绳索，伸出右手去拽钢筋。

就在这时，又一阵劲风袭来，大风裹挟着钢筋向李海法挥舞过来。他都来不及应对，钢筋已经擦过了他的右手，瞬间，除了大拇指和食指，李海法右手3个手指被齐根切断。

鲜血喷涌出来，他迅速撕破身上的衣服，用布条扎在了手腕处，忍着痛、咬着牙爬下了井架。

一分钱便宜都不占

20天后，李海法出院，吊着胳膊回到了工作岗位。单位领导来慰问他，并带给他80元的慰问金。

“这钱我不能要，再苦再累我能扛得住，我不占国家一分钱的便宜。”李海法态度坚决。

“他不是党员，但他的思想觉悟却很高。”为此，张秀芳没少“取笑”李海法的“一根筋”。

“不是我‘一根筋’，祖国需要石油，需要我们，个人的功名利禄比起国家发展，算得了什么！”尽管失去了手指，但李海法至今都遗憾自己当时没把井架上的问题处理好。

1962年，因为工伤，李海法从一线退了下来，在白碱滩区运输处调度站中心调度室，干起了车辆管理工作。整个白碱滩采油区的74部车辆都由他一个人管，这活儿也不轻松。

1962年，他们有了自己的第一个孩子，后来又有了一儿一女。家里一下子多出了好几张嘴，李海法和张秀芳的日子过得越来越紧巴。回忆起那段时光，张秀芳就忍不住掉泪：“26年里，我没有买过一条新裤子。”

那时的她，肩上的担子不比李海法轻，但“夫妻同心就能过好日子”的信念支撑着她一路走了过来。

那时，两人都要上井，5岁的老大李德松便担负起了照顾3岁的妹妹和2岁的弟弟的责任。

当时做饭是用瓦斯罐，张秀芳害怕有危险，不敢让孩子们动火，愣是狠狠心，让孩子们吃了好几年的冷饭。

大儿子穿起红工装

1978年，大儿子李德松初中毕业后，进入了农场工作。作为长子，他想早点工作，减轻家里的生活负担。

1982年，他进入采油二厂注气队。他干起活儿来不含糊，两个月后就成了班长。

“大儿子踏实肯干，工作起来有他爸的样子。”儿子的表现，让张秀芳既自豪又心疼。

儿子当上班长这件事，李海法是从别人那里知道的。

“父亲对工作要求高，我觉得我和他的标准还有差距，就没告诉他。”在李德松眼里，父亲很严厉，干工作尽善尽美。工作后，他不自觉地把父亲当成了标杆。

在注气队干了3年后，他调到重油公司干起了锅炉工。

此后，他辗转多个岗位，对待每个岗位，他都踏实认真。

1996年，他又调到供热公司，从那时起，半夜到居民家里抢修管线的事儿便成了家常便饭。

二儿子接力战油田

1987年，19岁的李德林毕业后进入测井公司，成为家里第三个石油工人。

用他的话说，不出野外就不能称得上是石油人，而野外测井最能考验人。1989 年，他第一次外出测井，在野外整整待了两个月。当他回到家看到母亲时，这个 20 出头的大小伙居然泪流不止。

李德林深深体会到了石油人的那份苦楚，也理解了父亲身上那种“蒸不烂、煮不熟、捶不扁、炒不爆、响当当一粒铜豌豆”的精神。此后的野外生活中，他都以父亲为榜样，汲取父亲身上的力量。

在吉木萨尔，李德林经历了一夜降温到零下 30 摄氏度、工友被冻掉了耳朵的严寒；也经历了沙漠里零上 40 摄氏度，拖拉机把手烫得握不住的酷暑。

“父母是我的榜样，他们那一辈人的奉献精神，我可能这一生都无法企及，但我不会放弃追赶。”选择和父亲一样，成一名响当当的石油工人，是李德林的理想。

李德松的女儿李君茹今年大学毕业，她计划一毕业就回来参加油田公司考试，像爷爷、爸爸、叔叔那样，当一名石油工人。

子承父业，父以子荣。

李海法夫妇已完成了第一代石油人的使命，他们的儿子现在又在他们奋斗过的地方挥洒着激情，这份荣耀和石油精神将一直传承下去。

△原文来自 2015 年 12 月 31 日克拉玛依日报《石油人家》，本报记者张江艳。本文由克拉玛依日报社提供。

第一代石油人：李海法（父亲，试油工、队长），张秀芳（母亲，家属）；

第二代石油人：李德松（大儿子，采油二厂注气锅炉工），李德林（二儿子，测井公司测井工）。

东方红小学的点滴记忆

张掌福

1959年，根据石油工业部“缩短战线，集中兵力，突击重点，打歼灭战”的方针，重点对白碱滩、百口泉、乌尔禾等地区进行了高度集中的钻探，从而完全证实了克拉玛依—乌尔禾地区是一个大油区。1959年，克拉玛依油田由勘探时期正式进入开发时期。

同年，钻井处在一间大房子里办起了白碱滩片区唯一的学校，当时只有七八张桌子，十来个学生，有两名教师任教，一二年级合在一起授课，师生共同挤在一起工作、学习。1961年，任命胡明为第一任校长。1963年，学校教室增加到4间。1964年7月，有9名小学生毕业。

“文化大革命”开始，工宣队进驻学校，组成了5人工作小组负责学校工作，学校更名为“钻井处东方红小学”。工宣队的进驻，使学校教育教学工作不同程度地受到冲击，但钻井处党委办好教育的态度始终如一。为适应办学需求，学校整合成一所全日制学校。1967年，钻井处为学校修建了1栋平房作为教师办公室，2栋平房作为学生教室，学生人数增加到420名，拥有教学班12个。1969年，学校开始附设初中班，分设小学部、中学部、民族部，学校成为“戴帽”中小学[1]。

进入20世纪70年代，“文化大革命”已进入后期，加之粉碎“四人帮”的胜利，学校教学工作逐步走上正轨。全体教职工把搞好教育工作当作学大庆、学铁人王进喜的具体行动，职工队伍相对稳定，教学质量有了新的起色。

1983年，随着学生人数的增多和场地的不足，中学部、民族部与小学部分开，组建了钻井处中学和钻井处民族中学，并从学校搬走，从此钻井处中小学更名为钻井处小学。

1986年，由于转业军人子女的到来，学生人数猛增，到1987年，学校教学班增至60个，学生达2367名。为了缓解学校管理和教学的压力，经钻井处和上级教育行政部门批准，钻井处小学增设了五亭新村分校，两地一校实行统一管理，分开办学。虽然摊子比较大，管理难度大，但学校对教育教学工作能做到积极探索和大胆尝试，在教学中提倡向40分钟要质量，努力提高教学效率。

1988年8月30日，钻井处小学正式分为2所学校。原钻井处小学更名为钻井处第一小学。李新铎担任党支部书记，肖玉英担任校长。五亭新村分校更名为钻井处第二小学，由方正海、付安琼负责学校教育教学工作。

从1989年开始，学校结合教学改革，根据教师的职称和年龄，按学科、分课型开展了“公开课、排比课、观摩课”等多种形式的授课竞赛活动，教学质量有了显著提高。

至1991年，学校教职工97名，教学班47个，学生1768名。学校根据钻井处党委要求，“开展难关面前看党性活动”，结合学校教

---

① “戴帽”中小学：即小学办初中，是特殊年代的一种办学方式。《教育大词典》中记述：泛指在原来建制不变的情况下增设高一级教育班级的学校。

育教学工作，加大教学管理和研究工作，各项教学工作有了新的提高。1991 年 4 月，经市局教育督导评审团督导验收，学校成为克拉玛依市二类学校。

△作者曾任克拉玛依市第十九小学党支部书记。原文选自《漫漫耕耘路 悠悠校园情——克拉玛依市第十九小学 52 年发展纪实》一书。

露天影院的兴与衰

宋建劳

20世纪60年代，克拉玛依石油职工的业余文化生活非常单调，特别是对居住在外探区的职工来说，下班后，更是没什么消遣，唯一的娱乐方式就是看电影。

那时，新疆石油管理局各单位都有下属的俱乐部，开会、放电影都在那里，我们采油二厂的俱乐部可以容纳八九百人。但是，我们看电影依然很困难。

俱乐部空间小 职工观影难

第一个原因就是俱乐部空间比较小。

当时采油二厂仅职工就有近4000人，还不包括家属，加上电厂和供水大队的职工也到我们俱乐部看电影，僧多粥少，遇到新片或好片，电影票就成了抢手货。

每到周六下午，厂里俱乐部的售票口前总会排起长队，几百张票，不到一个小时就能被抢光。

为了让大家都能看到电影，到了周日的时候，工会会加映几场。但即使这样，影票还是供不应求。

第二个原因是夏季的俱乐部太闷热。八九百人挤在一起，就算开着吊扇，室内依旧热得像蒸笼。

露天影院建成 引发观影热

我们就给厂里建议，能不能盖一个露天影院。这样既能满足大家的需要，也能解决夏季观影太闷热的问题。

建议很快得到领导采纳。70 年代初，采油二厂露天电影院落成。

这个新建的电影院可容纳 1000 多名观众，凳子就是一排排的长条水泥板。条件虽然简陋，但大家都非常满足。

每当夜幕降临，露天影院内外人头攒动，热闹非凡。人们三三两两、携儿带女涌向影院，对号落座。

正式放映前，有的摇着蒲扇静静等待，有的则闲谝家长里短，好动的孩子则在院内追逐嬉戏。在轻松愉悦的气氛中，工作一天的疲劳也慢慢散去。

电影一开映，嘈杂无比的影院顿时静了下来。

“文革”期间，上映的影片很少，除了战争题材的《地雷战》《地道战》等，最常放映的是样板戏。虽然影片不多，还反复重映，但我们仍然每场必看。

看的次数多了，大家对影片里的人物和情节都能如数家珍，特别是样板戏里的经典唱段，大人小孩都能惟妙惟肖地哼上几段。

电视兴起 露天影院渐消亡

我们都没想到，大家喜爱的露天影院只经历了十来年的辉煌，就慢慢退出了历史舞台。

1983 年起，电视进入了克拉玛依石油人的生活。虽然最初只有一个频道，而且播放时间也只有三个小时，但这三个小时，已经足以满足我们八小时外的业余生活了。

有了电视，大家到露天影院的次数就慢慢变少了。

1986 年，我家也买了电视机。从此，我很少去露天影院看电影了。

两年后，露天影院拆除，彻底退出我们的视野。如今，那里已经变成了白碱滩区跃进幼儿园。

每次经过那里，我总能回想起过去，那个曾丰富我们业余生活的露天影院。虽然，它早已从我们的记忆中淡去，但它带给我们的喜悦却永远挥之不去。

△作者曾任新疆石油管理局采油二厂纪委副书记。

买菜的记忆

房士铭

“文化大革命”期间，我在新疆石油管理局钻井处当技术员。那时，钻井处的职工家属们生活十分困难，每人每月只供应少量的白面，大部分是苞谷面，吃不上清油和新鲜蔬菜。

我平时上班很忙，只有趁星期天到菜棚子买菜。所谓“菜棚子”，就是钻井处生活供应科的菜店，它有一座大院供汽车装卸菜，大院的前面有几间平房用来卖菜。在平房的外墙上，开了一个0.5米 ×0.5米的窗洞，用来收钱和开票，为了防止人们排队时相互拥挤，在它的前面，用钢管焊了一个1.5米高，2.5米长的栏杆通道。在离开票窗口不远的墙上，还开了一个2米 ×1米的窗口，用来卖菜。

为了让全家能吃上新鲜蔬菜，我大清早就到菜棚子排队了。因为时间还很早，我就拿出一本技术书看了起来。开始时，买菜的队伍还算平静，但是，到了10点钟，菜棚子的工作人员上班了，大小窗洞都打开了，队伍就开始乱了。听说，蔬菜是昨天夜里拉来的，数量不多，年轻力壮的人就用力地向开票窗口前面挤去，为了能够买上新鲜蔬菜，有的人竟然爬上了栏杆，踏着别人的肩膀向窗口爬去……我被人们拥挤着慢慢前进，20分钟以后，我终于被挤到了开票的窗口前面。可是，忽然之间，队伍不挤了，紧接着听到“啪”的一声，小窗口关闭了，有人喊了一声，“没有菜了”。我们这些人力气小，虽然来得很早，可是挤不过人家，所以，只有悻悻地走开了。我的一家老小，不得不继续吃自己家里的“老三样”——喝苞谷粥，吃苞谷发糕，吃咸菜。

改革开放以后我被提升为工程师。钻井处党委发现工程技术人员工作辛苦，没有时间去买菜，就组织了一个“送菜小组”，负责给技术人员和老干部送新鲜蔬菜。送菜小组由三人组成，当菜棚子里来了新鲜蔬菜时，他们就按照人头把各种蔬菜一包一包地分好，并计算出价钱。然后，就利用中午饭的时间，每家、每户地送菜上门。我还记得送菜组长叫张师傅，40多岁的人，十分热情、能干。他每次给我送来新鲜菜，我都是一边交钱，一边深情地说：张师傅，辛苦了，谢谢您。送菜小组每周给我们送1～2次菜，这项工作一直持续了两年，直到市场上蔬菜供应好转了，大家可以自己买到菜了，才停止了送菜。

一晃，几十年过去了，回首往事，不胜感慨。多亏了改革开放，大家才过上了好日子！

△作者曾任新疆石油管理局钻井公司教育中心副主任。

不愿舍弃的缝纫机

陈志兰

每次搬家的时候，家人都提议把缝纫机扔掉，可我总不舍得。尽管它与房间里的现代新式家具还有配套的电气设备不太协调，但我还是将这台陪伴了我四十多年的缝纫机放在了卧室的墙角。每每看见它，历历往事浮现眼前——

在前些年的困难时期，我们难得做件新衣服。做的每件衣服都是母亲下班后利用晚上的时间在灯下一针一线辛辛苦苦缝制成的。那时，我家隔壁有家缝纫店，每当看见裁缝师傅熟练地用缝纫机做衣服时，我都会想：等将来我有缝纫机了，想穿什么衣服我就做什么衣服。工作之后，为了实现自己的“宏伟计划”，我每月从工资中拿出5元钱存起来。当资金存到一定数量时，我又托朋友找来一张买缝纫机的票，这才兴致勃勃地买回了一台上海牌轻便缝纫机，当时别提有多高兴了。

那时的我年轻好学，一下班就找点旧布练习缝纫。一次，有个同学请我做件大襟的中便服，当时我并不会裁剪，但为了练手我大胆地答应下来了。晚上，为了把这件衣服做好，我偷偷把自己现成的衣服拆开，照着样子裁剪之后又都缝上，熬了大半夜后，看着自己的劳动成果，所有的疲劳都烟消云散了。第二天当然得到了同学的感谢，同学们都投来了羡慕的目光，我心里充满了成功的喜悦。

△作者曾任原克拉玛依市炼油厂中学教师。

家住小城白碱滩

李培智

从部队转业到白碱滩，至今还在白碱滩。日出日落，春夏秋冬，算起来已有 47 个年头了。白碱滩的盐碱染白了我的满头青丝，然而白碱滩的水土却养育了我的躯体和心灵。这中间曾有人劝我到其他地方买房子，我没动心。我是一个懒得搬动的人，在一个地方住下来，就如同树扎了根。

不过想想，在白碱滩，也还是搬动过几次的。

1966 年 3 月，迎着料峭的春寒，我们 300 多转业军人带着家属，从山东半岛来到西北边陲白碱滩钻井处。当时生活条件十分艰苦，尤其是住房。到了之后，连地窨子都没有。解决大家居住的办法，是男的住单位的集体宿舍，家属到百口泉农场住集体宿舍。隔一段时间，男的到农场，或是女的到单位，鹊桥相会一次。这样过了一年多，我和妻子才有了住房。

第一次得到的住房，实在是小得可怜，只有 3 平方米。当时我在钻井处车队开车，这年管理局实行运输革命化，钻井处车队划归到白碱滩运输站。车队的两间修理车间和车间内的一间小库房暂时空闲起来。我趁机占有小库房。小库房不但小，而且墙壁黑如锅底，再加上在厂房内，白天不拉灯，进屋伸手不见五指，不是形容词。然而我和妻子欣喜若狂。我们兴高采烈地架起床铺。床腿是两条板凳，床板是材料架上拆下的木板。铺上被褥，摆上枕头。饭碗和牙缸放在床头，两三件换洗衣服放在床脚。一个温暖的家就这样诞生了。夜里，我们听着空荡荡的厂房里夜游狐狸的脚步声入睡；清晨，听着床铺底下老鼠的磨牙声醒来。心里有恐惧，更有温暖。我们渴望长期住下去，然而住了不到两个月，就又各自重新搬回了集体宿舍。因为厂房被其他单位接手，要改作它用。

一年后，妻子回到基地干活儿。我以此理由，三天两头到房产科，讨要房子。锲而不舍，坚忍不拔。接连找了两个月，才终于得到了住房。

是两小间地窨子。房子一半在地上，一半在地下。进出屋门，身体要做四十度的弯曲。而且是在白碱滩最北面，最后一幢，最后一间。再往北就是戈壁滩和成吉思汗山了。站在房前向北望去，焦炭般的山峦，慢慢抬高的灰色戈壁，透着亘古的苍茫与荒蛮，让人生出无尽的寒颤与心悸。可转身进房之后，心里又油然生出无限的喜悦。

满怀欢喜地支起床铺。床铺依然是凳子和木板组成。给库房送材料，捡回几只包装箱，拆了，钉成饭桌和菜板。从单位摸一把铁锹，砸下铁锹头，将把子锯成擀面杖。从粮店买来面粉。从商店买来油、盐、酱、醋。从菜棚子买来蔬菜。终于生火做饭了！一座房子只有飘起炊烟才算是真正的家啊！

记得妻子做的第一顿晚饭是面条。年轻的妻子在老家没做过饭，面和软了，面条下到锅里，转眼变成了疙瘩汤。我们笑着把疙瘩汤盛到碗里，端到门外，坐在土块上吃得满头大汗，心满意足。在醉红的夕阳里，夫妻俩把一锅疙瘩汤吃得一干二净。

在地窖里住了两年。第二年秋天，随运输站搬迁到采油二厂，终于住进了红砖平房。

我十分怀念地窖子里的700多个日子。它装了多少生活细节啊！无论是苦和乐，每一件都让人缅怀万缕，幽思不绝。下雨，房顶漏水，屋里摆满了碗盆，滴水叮咚，宛如歌谣。大风刮坏了窗子，干脆找几块砖头堵上。亲手喂大的四只芦花鸡，上午在门前木箱里下蛋，下午到戈壁滩上觅食，晚上在房前的柴垛上露宿。洗好的小白鱼挂在房外的墙上。还有红辣椒。有风的夜里，它们总是哗啦——哗啦不停地摇摆。现在感觉它们还挂在那里。在地窖里，我们有了大女儿。下班后急如星火地往家赶，进门把女儿抱在怀里，然后又走出屋来，指给她看西边的落日，天上的云霞，远处缓缓走来的山羊和准噶尔盆地高耸巍峨的井架。女儿童稚的欢笑溢满耳畔，心中的喜悦宛若涌荡的清泉。

地窖留下了美好的记忆，也留下了不足和缺憾。门窗窄小，光线昏暗，刮风进垃圾，下雨进雨水。这些还不足挂齿。令人惊恐的是那臭虫。小小虫子夜夜把人咬得钻心地奇痒，每天晚上都恨不得生出十双手来下死地抓挠。若是白天工作过度疲劳，晚上睡下没有及时醒来，第二天浑身就会变得“山花烂漫”。不知房顶上的苇把子里会生出那么多臭虫！有天晚上，被臭虫咬醒的我，愤慨地同臭虫决一死战。胆大包天的臭虫们竟敢在明晃晃的灯光里疯狂进攻。四面墙上如同撒满了一层密密麻麻的黑豆。更有勇敢者，从房顶上直接落到身上大开杀戮。我咬牙切齿地在身上墙上掐、按、挤、拍、捻、抹。天亮，战斗结束，我的双手和墙壁变得血迹斑斑，惨不忍睹。今天谈之，依然令人色变。

住进平房，条件比地窖子有了很大改善，但没有上下水，没有暖气。依旧是垃圾靠风刮，污水靠蒸发。

水和树是居住的命脉和灵魂。然而那时偏偏缺少水和树。当时白碱滩的树用不了半个小时就可数得一清二楚。春天栽下的树，不到立夏就枯了。原因是缺水。滴水贵如油。不浇水，雨水又少得可怜，当然存活不了。那时吃水到水房去挑，而且是定时的。没有树，没有水，风沙便疯狂肆虐。风是三天两头刮的，特别是春秋两季，一刮就是 24 小时。风大到十级，十二级，十三级。刮倒井架，揭掉房顶。有的人家，沙子掩埋了大门，风停之后，从窗子里往外爬。夏天裸露的大地，被烈日烤得如同烧红的铁锅。人们只有躲在房子里或房子的背阴处喘息。

1981 年住上了楼房。1990 年又换了套面积大一些的楼房。居住条件越来越好。住处是人生的坐标，从家走出去，又走回来，无数的足迹宛若无数条线，画着人生的轨迹。那些曾经的住房，宛若封存在记忆中的老酒，时常迷醉着我的心灵。我曾多次去寻找过它们，却没有寻到一丝踪迹。它们的原址上不是盖起了成片的楼房，就是变成了绿茵茵的草坪，或者是平整清洁的街道。我这才知道它们永远消失在了岁月的长河里。我曾无数次在钻井公园文化长廊下，驻足凝望那些昔日的老照片，每一次，心中都会涌起无限的感慨。

白碱滩发生了翻天覆地的变化。昔日的荒滩、芦苇坑变成了繁华的商业区，变成了文化区，变成了步行街和优美的公园。楼群林立，街道整洁。万亩生态林碧波如海。八哥来了，百灵来了，金翅、斑鸠、啄木鸟……都来了，到处是鸟语花香。美丽的小城让我终生迷恋！

△作者曾任新疆石油管理局第二运输公司书记。本文曾发表于 2011 年 3 月 2 日《克拉玛依日报》。

金龙镇纪事

张展华

我家住的地儿，很大也很小。因为没有传统概念上的城墙，戈壁滩上，大得无边无际；其实应该说很小，小得只能盛下三个字——金龙镇。

在地图上没有出现金龙镇这三个字之前，这里叫“炼油”和“输油”。它位于克拉玛依市东南十几公里处的凹陷地带，海拔只有200多米，是一个典型的石油企业集会点。小镇上的居民清一色的都是石油工人和家属，几乎没有外边人。20世纪80年代初，随着工作的调动举家迁到了小镇，我在这里度过了人生的后半辈子。

记得三十多年前，刚来这地儿的时候，只有为数不多的平房一栋挨着一栋建在荒凉的戈壁上，我任教的土坯房屋里的炼油中学，只有几个班。一个小商店，只卖些油盐酱醋，针头线脑之类的生活用品，要买一双鞋子，都要到十几公里外的城区去。一个邮局，三个人，负责的叫老李。一封家书，来回四十天，等不及了，天天总想向邮局跑。一个银行办事点，负责人也姓李，因阮囊羞涩，从不和他打交道。一个粮店，管事的老胡，四川人，谦和得很，常买粮油，就成了朋友。一个派出所，所长叫小荆，河南人，转业军人，亲和严谨；警员叫外力，维吾尔族小伙子，精干负责，好英俊的身板儿和脸庞！用现在的话说，都是非常接地气、暖人心的好民警，家家的大人小孩他俩都能叫出名字来。炼油厂唯一的一座楼房是厂办，高两层，前后两个门，20个左右的房间，是这一地区的较为显眼的洋房子。一所几间平房开起的保健站，一位站长，两名医护，年轻美丽的哈萨克族医生努尔·加玛丽说起话来轻声细语，对病人体贴入微。不过，药是很受限制的，连一支皮炎平也要经站长批准。人烟稀少，路，自然不多。两条大一点的路，沙子石子儿铺成，其余的路，都是人脚踏出来的。那时没有狗，只有猫，也不明确是谁家的，温顺得可爱，它们没有主人，而家家都是它们的主人。我们学校旁边就是家属耕耘的农田，西红柿长到半人高，西葫芦长到人腰粗，供给制，分着吃。田园诗般的宁静，牧歌式的惬意！

弹指一挥三十年。今天，随着炼油厂的长大——长成目标1000万吨产能的大型央企——克石化公司，“金龙镇”应运而生。昔日的“干打垒”模样，只能在历史图片中看到。清一色的五层居民楼坐落在不大的社区，鳞次栉比，无须电梯，紧凑而秀气。整个镇子，南北较短，步行六七分钟即到端点，东西较长，最多十五分钟可走完。职工上班了，孩子上学了，街上能看见的，基本上是几个退休老人。即便就是这个袖珍小镇，在中国这个人口众多的国家，也是有很多人的。特别是集贸展销，南来北往的商贾，到此赶集的人，有时也可以用“人流”来形容。此时，是熟人相逢与欢的好日子。买到称心的东西，把微笑挂在脸上，没有买到的，把遗憾“分享”他人。西边的太阳把它的余晖洒在地上，镀上橘红色的一层，像是为下班族铺就一幅无边的地毯，迎接他们迈进自己的家门。频频传来的鸟叫声，还带着人工森林里刚筑好窝的亢奋，招呼着公园里稀稀落落的游人。——小镇的人们似乎早已接受了这种习以为常的空阔、宁静。

小镇虽小，但不失厚重。小镇安谧，确是一方圣土。厚重而安谧的圣土，承载着克石化一颗大心脏，夜以继日、分秒不停地咚咚跳动。小镇美，美得十里长林，披绿枕翠，荫护着克石化遁迹隐形。若有客问："石化何所是？"答曰："林深沾衣处！"说来也遗憾，连我这个"老石化人"，几十年来，无入厂证，竟没一次近距离亲睹过她的尊容和倩影。只是远远地于朦胧中，望火炬而兴叹，朝炼塔而膜拜，臆想着她的仪态和神情。但也不遗憾。我私下常以冬雪中，在小街看女人与她相比。我喜欢她们的口罩，爱美的女人总会戴好看的口罩，唯露一双大眼睛。因而，面对克石化，那显露峥嵘的火炬、炼塔，只要我远眺一眼，就真算得上窥豹一斑，心满意足了。

小镇人好。不管是当官的，为民的，是职工，还是家属，丝毫间隙都没有。1983年秋，我初来乍到，穷酸酸的一介教书的，低矮的瓦房，门破了，屋漏了，书记陈和灿、校长刘长行，当起木工泥瓦工，修好了，连口水都不喝。他们都知道我上课忙，粮站老胡把面粉给我送回家；邮局老李把信塞进我家门缝；商店的彩凤每每碰见我的爱人，总说："阿姨！来新货了，您要，我给您带回来……。"民族团结，亲如一家。教育中心副主任肉孜女儿红倩古丽结婚，高朋满座，还请了汉族朋友。他几天前教会我一大段维语，本人不知其意，只是鹦鹉学舌，作为致酒词，惹得全场捧腹大笑，我还不知为什么笑。那年学生会考，我突发急性肠炎，烧39.9摄氏度，深夜3点，没有救护车，保健站加玛丽医生把她当司机的爱人叫醒，送我到医院急诊科。我的孙子走失了，邻居斯拉木老人和他的爱人伴我寻遍社区内外，还到派出所报了警。……这些，我都说要回报，却都没有回报。这种纯朴的社会风气，至今长兴不衰，令人依依难舍。

近年来，因改善房政策的实施，我幸运地迁入市区的一个新区康城花园。这儿离金龙镇也不远。每每东望，心潮难抑。小镇往事，像电视连续剧一样，一集集浮现在我的眼前。石化大道是条家乡的河，

303 路公交是一只关爱老人不买票的船。每隔几天我和老伴都要乘船探望家乡金龙镇的熟人，熟地儿，熟悉的花木，熟悉的鸟鸣——还有那，我曾经闲暇伫立的公园小拱桥，多像是我儿时流连的外婆桥……我突然返老还童了！

石化退休站是我温暖的岸。船到了，停岸了。站长，指导员和其他工作人员总是如初见面的朋友一样，热情暖人；老邻居、老同志相见更是聊个没完；连平素仅是相识，而并不怎么讲话的人，也都一见如故，频频点头打招呼。“人生若只如初见，何事秋风悲画扇。”距离，真的会产生美！

我惦念这里的一切，特别是我工作到退休的炼油中学。

尽管，十几年前，炼油中学已改名为克拉玛依市第九中学。但就像村子里的人，从小看着哪家的孩子长大一样——不管多大了，还习惯叫他生下来时起的小名。克拉玛依的人们仍把克石化叫“炼油厂”；金龙镇上克石化的职工家属，更把克九中昵称为“咱厂中学”，或者“咱中学”。

难忘当初，炼油人的孩子生长在戈壁荒漠，而彼时的文化教育也几近荒漠。1973 年，小学初创，后升为初中，再升为高中。通过自我培养和引进，有了自己的教师队伍。文化教育的星星之火，终于熊熊燃烧——生长在戈壁荒漠上的石油人的子孙后代，终于求知有门了！

克拉玛依九中 40 周年校庆之际，我徜徉校园，目睹学校巨变，不禁感慨万千：这就是历史，历史如此鲜艳！这就是岁月的留痕，记住过往，心中会始终揣着未来！

我想驻守小镇，不再做离开小镇的打算。但这又谈何容易——房子卖掉了，小镇已没了我的窝。每次，总是看一看各处的风景，碰几个熟人聊聊天儿就回来。小镇真小，只需半天工夫，镇上的大事小情都知道。我爱小镇的上空，那石化电厂水塔的袅袅雾气，片片云朵；

我更爱小镇上的风，吹开清明，抚平忧伤，又吹开中秋，擦亮孤月；我爱小镇瓦蓝的天，寥廓深邃，尽扫心尘。

石化公园的柳枝发芽了吧，沙枣花溢香了吗？请筑窝林中多年不肯离去的青鸟，告诉我吧。你好，青鸟！

小镇上又有什么好消息了，请朋友们打个电话告诉我。

我手植的那棵胡杨树，繁殖了满院子的子孙，都长大了吧，请邻居告诉我。

前些年，小镇已经通火车，有了货运站，金龙镇的前景大着呢……街谈巷议我听到了。

为什么我离开这个地方就总是想念这个地方？请诗人告诉我。

诗人果真光顾我了，念给我一句他最为得意的诗——

“为什么我的眼里常含泪水，因为我对这片土地爱得深沉。”

△作者曾任克拉玛依市第九中学高级教师、市教育局教研室兼职教研员。本文曾发表于2016年4月28日《克拉玛依日报》。

深情厚谊

一台非同寻常的手术

韩文辉

克拉玛依油田勘探开发建设初期，水给我留下的印象太深了，一提到它，往事就从记忆的闸门涌了出来。

1956年9月25日的下午，克拉玛依运输处驾驶员王守义运水途中，晕倒在驾驶室，被送进医务所急救。这天下午拉第一趟水的时候，他的胃就疼痛得很厉害。但他忍着疼痛又到40多公里远的地方去拉第二趟水。行车途中，有时疼得直冒汗，他一只手按住腹部，另一只手艰难地挣扎着行车。当他从上下颠簸，左右摇晃、尘土弥漫的路上挣扎着把水拉到井场时，他疼痛得休克了。经医生检查，王守义的胃已经穿孔出血，而且食物开始向腹腔外流，生命处在垂危之中，必须马上手术。在什么地方手术呢？这个医务所设在一间不到20平方米的活动木头房子里，设备十分简陋，只能治疗一般病人，重病和外科手术都是送往独山子矿区医院。但克拉玛依距离独山子还有100余公里，而且道路正在重修，大部分地段都是极为坎坷的便道。当时天也黑尽了，往独山子医院送，就等于送他进坟墓。内科大夫黄一中同外科大夫王景昶商量后，决定冒险就地手术。他们认为就地手术还有生的希望，送独山子肯定中途死亡。

一场紧张的抢救战斗在一座狭小的木头活动房里展开了。运输处工人一听王守义要输血手术，不上夜班的同志一下来了几十个，有汉族，也有维吾尔族；有工人，也有干部。他们围在木头活动房门外，等待着给王守义输血。那时候，同志们之间友爱的真挚，真令人感动！小护士刚把门开了个缝，门外几十只胳膊朝她伸来，恳求“抽我的！抽我的！”，喊声响成一片。小护士被这感人的场面弄得不知所措，她抹去了激动的泪花说：“先验血，验上谁抽谁。”这么一说，大家才不争了。

殷红的血滴在玻璃片上，化验员正急切地辨认着血型。就在这时，意外的事情发生了。多风的克拉玛依，风势突然大了起来。一股强劲的风暴呼啸而来，掀开了木头房的小窗户。卷着沙石灌进屋内，揭去手术盘上的纱布，吹倒药瓶，落在手术器具上的沙子发出叮叮当当的响声，手术室顿时狼藉不堪，手术的全部准备都报废了。医护人员被肆虐的狂风激怒了，他们咒骂风为什么这样无情，为什么在这样的要紧关头同他们捣乱。刚才准备手术时，刮断了电线，已经耽误了不少时间，现在又破坏了手术的全部准备工作，他们为手术台上病人的安危更加担忧了。化验员一看玻璃片上的血浆变成泥浆，急得顿时哭了起来。幸好屋外有等待输血的同志，护士长孟庆湖抱起一床被子，里外一齐动手，用木板把被子顶在窗框上，大家又重新消毒手术用具，准备输血手术。这一夜的风，好像有神差鬼使，故意破坏这场救死扶伤的战斗似的，整整刮了一夜，直到黎明手术顺利完成后，风才不刮了。

经过医护人员一夜紧张的战斗，王守义转危为安，生命得救了。这是克拉玛依第一个手术。事后许多同志说：在这样简陋和困难的条件下，能成功地完成一次腹腔手术，是一个奇迹。这的确是一个奇迹，这奇迹是由医护人员高度的责任感和同志们兄弟般的友爱创造的。

△作者曾任新华社新疆分社记者、采编主任、副社长，新疆记者协会副主席。本文来自《克拉玛依文史》第三辑《难忘的创业精神》。

怀念我的哈萨克好友

袁克勇

1963年8月，我大学毕业后被分配到克拉玛依炼油厂工作。

工作后遇到的第一位同行名叫阿里甫汉，他是位哈萨克族青年，毕业于新疆石油学院，和我一样也是学机械的。由于我们学同一个专业，工作中自然多了一些接触和交流。他谦虚好学，常常问我一些问题，我就诚心诚意地帮助他。他的普通话不够流畅，我得耐心地慢慢给他解释，渐渐地，我们成了好朋友。

他的妻子名叫克丽孜亚，也是他的同学。节假日到他家拜访时，少不了好酒好菜的招待我。那时生活比较困难，而他们总把自己舍不得吃的鸡蛋留给我做下酒菜。我们的友谊一直延续到后来我们的孩子长大。他的孩子学习上遇到问题就上我家来问，他的长途电话也总是打到我家（当时他家没有电话）。后来，他的孙子出生了，我老伴义不容辞地给小宝宝做好了棉衣、毛衣，我儿子爱吃的奶疙瘩他家也从不断供。

令我最难忘的是，我儿子结婚时，他妻子亲手绣了一条极具民族特色的花毯，那可是多年来摆放在我家客厅里的一道独有的风景。

遗憾的是，他们老两口过早地离开了人世，虽然我们天人永隔，但那位勤劳、朴实、善良的哈萨克族朋友的音容笑貌却永远地留在了我的记忆里，我们之间的友谊也会在孩子们之间继续传递下去。

△作者曾任克拉玛依石化厂副厂长，教授级高级工程师，副局级待遇。

老风口那场生死劫难

郭　森

塔城地区托里县的老风口，每年刮风半年以上。凡是外地去塔城或是塔城去外地的车辆，都要经过这个咽喉要道，老风口也给过往的人们带去太多的恐惧和灾难。

每逢冬春季节，狂风呼啸，风借雪势，雪助风势，形成强大的气旋，雪片像成群脱缰野马迎面扑来，瞬间就会将整个风区变成能见度为零的死亡之地，30 多年前我就亲身经历了这场生死劫难。

1973 年，我在克拉玛依钻井处生活科干生活采购工作。12 月 16 日，主任对我说: 快过年了,你带车去塔城采购些牛羊肉,改善一下食堂生活。

第二天司机邓福青，开着一辆解放牌大卡车，我们两人从克拉玛依后山沿着坎坷不平的山路出发。当时后山没有公路，车辆颠颠晃晃地走了一个小时，远远看见便道中间有两个人拼命摇手呼叫着，车到人前跑来两位哈萨克牧民对我说，他们是额敏县前进牧场的牧民，公社让他们赶着牛羊在山里洞窝子过冬，已经好几天没有粮吃了，在路上等了两天车，想搭便车回家取粮。因为是空车我们也同意了。

下午 5 点多钟，车到托里县城，我们在路边的小饭馆吃了饭。当时托里县城风平浪静,我们想再走几十里,过了老风口就快到额敏县了。

谁知，出县城走了十几公里就遇到了风雪，越往前行风雪越大，天阴沉沉地也快黑了。

司机邓师傅加大油门，想尽快通过老风口。虽然开着两个大灯，但越往前走能见度越低，车子只能慢慢地移动。车到老风口中间路段时能见度几乎为零，车辆根本无法行走。

这时，车厢上坐的哈萨克牧民喊我们快停车，并对我们说“车再不能往前走了，否则我们要冻死在这里。前边公路旁有个洞窟子道班房，我们的亲戚在那里，赶快去那里躲躲吧。”从驾驶室出来后，狂风吹得几乎站不住，在汽车大灯照射下，天空好像往下倒雪，天地间混沌一片。司机邓师傅打开引擎盖放掉水箱里的水。猛烈的风吹到脸上的雪像针刺一样。哈萨克牧民拿着一根绳让我们抓紧，他在前面带路。我们 4 人连滚带爬地朝道班房摸去，在狂风暴雪中摸爬了半个小时终于找到了道班房。

道班房里住着一对哈萨克夫妻，看我们满身是雪，冻得瑟瑟发抖。听他亲戚说我们是克拉玛依的石油工人，顺车带着他们的亲戚，非常热情地烧了奶茶让我们喝。几碗奶茶下肚我们才回过神来，听着外面狂风暴雪的吼声，我们庆幸躲过了这场灾难。

第二天上午风雪停后，推门出不去，哈萨克牧民从洞窟子顶部打开一个洞，我们从洞中爬出。洞窟子四周都是 2 米厚的雪堆，举眼望去，前面 100 多米远的公路上有一个大雪堆，我想那可能是被雪埋掉的汽车。把洞窝子门挖开后我们朝那个雪堆走去，看着被大雪埋掉的汽车，我心中不寒而栗。

一个小时后车被挖出来，司机邓师傅开始用喷灯烤汽车引擎。这时，托里县养路段 2 辆装载机在公路上开始推雪，疏通道路。看到我们的车，司机下车询问情况并说：“这个老风口每年冬天都有牲畜冻死，这次你们命大，老乡带你们躲进道班房，捡了一条命，以后过老风口千万不要晚上走。”

下午雪路被疏通，我们跟着其他车走出老风口到额敏县。这时我才感到耳朵、脸部又疼又痒，原来是冻伤。休息了两天，购买了些副食品匆匆踏程返回，路过老风口道班房时，我们给哈萨克夫妻送去砖茶和方块糖，感谢他们的救命之恩。

返回克拉玛依后，想起那夜老风口的恐怖情景庆幸顺路带了 2 个哈萨克牧民，在他们的帮助下才躲过了这场生死劫难，过了一趟老风口犹如走了一趟“黄泉路”。

时隔三十多年的 2010 年夏季，我又一次去塔城，当年那坎坷不平的山路，早已是平坦笔直的公路。小车也就三个多小时到达托里县。回想当年托里县城只有一条街，一个银行，一个邮局，几个商店，到处是土块盖的羊圈。几千人的小县城，很难看到一座楼房。

三十多年的改革开放，今非昔比，城乡面貌焕然一新。工业农业生产和人民的生活都得到了极大的提高。车到老风口养路段，看到了国家给配备的扫雪机、清雪机和救援车辆，我打听当年那对哈萨克夫妻的情况，听他们说，早在十几年前就搬到县城居住养老了。

在老风口看到公路两边都是茂密的树木。多年来为了缓解老风口对交通公路的威胁，塔城地区和托里县投入大量资金，营造了 10 多公里的防风林带，使老风口成为绿色长廊，虽然不能彻底改变自然灾害，但可以缓解和减轻灾害。

老风口的狂风，仍然年年刮月月有，但像 1986 年老风口一场大雪冻死 26 人、冻伤 1000 多人的悲剧再也不会重演。

最近听说国家要在老风口建立风力发电站，但愿老风口的大风造福于托里县的人民，奔向希望的明天。

△作者曾任新疆石油管理局钻井公司供应站库房书记。本文曾在 2012 年第 2 期《油城金秋》刊载。

回族父母汉族娃

柳　仪

说起克拉玛依油田钻井处当年1230钻井队的司钻马福成，熟悉的人都说，那可是当年的老劳模啦！

自1955年独山子开钻的第70号井开始，马福成在钻台上参加了一场又一场大会战。钻井进尺纪录日日刷新，实现了“月上千，年上万”目标。他所在的钻井队被评为“标杆钻井队”，他所在的钻井班被评为“青年标杆班”。

最令马福成骄傲的是，1230青年钻井队的合影，刊上了当年的《人民画报》受到全国人民的关注。

今天要讲的不是劳模马福成，而是一对善良无私的回族夫妇，养育了3个汉族孩子的感人故事。

马福成夫妇合影

马福成有个贤惠善良勤劳的妻子，名叫薛润兰。1956年她带着刚满一岁的大儿子马金林，随丈夫来到刚刚开发的克拉玛依。没有房子，四家人住在一间用布帘子隔开的地窝子里。每家巴掌大的地方，薛润兰收拾得干干净净，利利落落。让劳累一天回到家的丈夫有热饭吃，有热水喝。

1968年，大儿子金林读小学六年级。俗话说，半大小子，吃穷老子。孩子们正是长身体的年龄，薛润兰整天为定量不足，粮食不够吃而发愁。为了让孩子们少挨饿，她拿出部分细粮换粗粮，用玉米面和少许白面蒸成杂粮发糕，想方设法让孩子们吃饱。

有一段时间，薛润兰发现，金林每吃完自己的一份，又悄悄往书包里装一块发糕带去学校。她纳闷，金林是长兄，对弟弟妹妹关爱有加。平时宁可自己少吃一口，也要紧着弟弟妹妹吃饱。有一天，薛润兰叫住正要出门的金林，指着他鼓鼓囊囊的书包问：怎么回事？没吃饱？

金林犹豫片刻，对妈妈说出了实情。原来，书包里的发糕是带给同桌张玉西的。玉西的父亲张延年是一个钻井队的队长，也是一位优秀的老会战。那年冬天，张延年从外地探亲回到克拉玛依，正走在回家的路上，却听说自己的钻井队发生了井喷。在钻井队，井喷是大事故……他顾不上回家，搭了辆便车，火速赶到了现场，奋不顾身扑上钻台抢险，不料，二层平台被扯断的绷绳带着硕大的冰块从高空坠落，正好砸在埋头抢险的张延年头上。优秀的钻井队长倒了下去……

张延年因公殉职，留下妻子带着玉西和新华、新文三个孩子艰难度日。偏偏是屋漏又遭连阴雨，中年丧夫的打击，疾病的折磨，她随丈夫去了另一个世界。玉西和两个妹妹成了孤儿。

那个年代，克拉玛依没有孤儿院，可三个年幼的孩子必须有人照顾。组织上考虑再三，把玉西兄妹交给了邻居养护。可那是物资匮乏的年代，家家都不富裕，养父养母也有诸多无奈。于是，领导只好派人将新华和新文送回河南老家，由亲戚收养。

正在读书的玉西留了下来。玉西是个懂事的孩子，他理解养父母的难处，不愿给这个家庭增添负担，经常只吃半饱，有时就饿着肚子去上学……

可怜天下父母心。玉西的命运触动了薛润兰作为母亲的寸心柔肠，同时也为金林有一颗善良友爱之心而欣慰。她轻声对金林说：把玉西带到咱家来，妈蒸几个白面馒头，给他解解馋……

马福成听说过以身殉职在钻台上的张延年的故事。在他心中，张延年就是一位敢于担当，勇于献身的英雄。没想到，英雄的儿子竟近在眼前，境遇是如此凄惨。于是，他对妻子说：就把玉西当咱的儿子吧，至少别让孩子饿肚子。

马福成山一般的父爱，薛润兰水一般的母爱让少年玉西深受感动。这个虽然不富裕却氤氲着丝丝暖意的钻井工人之家，让他流连忘返。

马福成常年奋战在钻台上，工作繁重。家里的粮食定量屈指可数。每每不到月底，面袋子便空空如也。为了让丈夫和孩子们吃饱。薛润兰精打细算，将每人每月三斤半的细粮蒸成馒头，让马福成带到井上。可孩子们也眼巴巴地看着白面馒头。她给儿女解释：爸爸在井上要出大力气，吃不饱就没法打井。咱们在家，风不打头，雨不打脸，能吃饱就行……孩子们懂事地点点头，毫无怨言跟着妈妈啃窝头，吃发糕。

金林一如既往地将发糕、窝头带给玉西，或让他来家里吃饭。俩人的感情胜过朋友，犹如亲兄弟。

20 世纪 70 年代，国内其他省份新开发的几座油田投入开发建设。克拉玛依将调动一批职工前去支援。玉西的养父也在调动人员名单中。可玉西不想走，他舍不得安葬着父母的克拉玛依，依恋着对他犹如己出的马福成、薛妈妈以及犹如兄弟姐妹的马家姊妹。他吞吞吐吐地对金林说：我不想走。我……想到你家……和你们一起生活。

金林回家把玉西的意愿告诉了父母。马福成和妻子商量后，决定抚养这个孩子。他们找到有关领导说明来意。领导说：你已经有 4 个孩子，负担太重了。可马福成却说：孩子的爸爸是为油田牺牲的，咱不能让玉西无家可归。

就这样，马家本不宽裕的 6 口之家变成了 7 口。看着玉西黑瘦的小脸上有了笑容，马福成和妻子心里踏实了。

中秋节到了，薛润兰用玉米面和白面掺和着给全家每人做了一块月饼。说是月饼，其实就是用糖精和面做的杂面小烙饼而已。孩子们狼吞虎咽吃得特别开心，玉西却拿着月饼呆呆望着窗外流泪。每逢佳节倍思亲啊！薛润兰走过去，还没等她开口，玉西一下子扑进她的怀里，哽咽着说：阿姨，你跟叔叔说说，把我两个妹妹接回来吧，她们在老家是死是活我都不知道。让我们兄妹在一起生活吧，再苦我都不怕……薛润兰怜惜地把玉西搂在怀里，心里一阵阵地疼。

这是大事。薛润兰对马福成说：不管咋说，咱都不会让玉西饿着肚子。可家里就这么二十几平方米的两间房，已经床头对着床头，再添两口人，住是个大问题。马福成看着忧伤的玉西，低声对妻子说：张延年是为油田献身的，咱得对得起他，咱们活着的人再苦再难，也要让孩子们骨肉团聚。

那个中秋夜，马福成夫妻俩思前想后，最终决定：收养这三个油田后代！

第二天，夫妻俩找到有关部门领导，说明了来意。见他们做此善举心意已决，又得知他们乐施善助的好人品，领导深受感动，批准由马福成夫妇收养这三个孩子。并决定由马福成带领玉西前去河南接回他的两个养女。

鞍马劳顿，几天几夜行程。马福成在河南一座偏远的山村找到了刚满 10 岁的新华，不满 7 岁的新文。小姐妹俩又黑又瘦，瞪着大大的眼睛，揪着补丁连补丁的衣襟，怯怯打量着哥哥和马叔叔。

克拉玛依，薛妈妈和马家姊妹烧热了火墙，等待着新华和新文回家。马福成带着孩子们风尘仆仆进了家门。薛妈妈便指挥着金林和玉西挑水、烧水，给两个女儿洗澡。马福成点旺火炉，把小姐妹俩的棉衣放在火上烤，只听“噼噼啪啪”一阵爆响，棉衣上滚成蛋的虱子顿时化为灰烬。可两个女儿头上的小动物无法洗净。薛妈妈狠了狠心，剪去了她们的满头长发。

马福成夫妻俩用木板搭了两张大通铺。男孩、女孩各睡一铺。可孩子终究要长大，挤在一张床上不是长久之计。于是，春暖过后，马福成轮休回到市区，带着几个儿子起早贪黑打土坯，入冬前，自建了一间平房。“男生女生”终于有了各自的宿舍。

孩子们相继毕业参加了工作。马福成和薛润兰也由小两口变成了老两口。金林和玉西毕业后去农场接受再教育，老两口经常带着吃的去看望两个儿子。但，每次都是先去玉西所在的农场。当年，肉炒咸菜就是美味佳肴。一大一小两瓶咸菜，给玉西的必定是大瓶。后来，玉西参了军，孩子入伍离开家，薛润兰心里顿时空了一块。一天，听说有便车途经玉西部队所在地，便用羊肉炒了一罐子咸菜，搭车上路了。玉西部队驻扎在乌鲁木齐八钢硫磺沟附近，便车只能把她捎到大路边。下车后还有一段坑坑洼洼布满冰雪的路。摔了好几跤的薛妈妈终于见到了儿子。拉开手提包一看，一罐咸菜完好无损，她笑了。儿子玉西看着满身泥水的妈妈，哭了。

时光如流水，孩子们一天天长大成人，老两口却青丝染白发。

如今，7 个孩子都有了自己的家。玉西和两个妹妹经常回来看望二老。薛妈妈因病去世后，怕爸爸寂寞，每逢节假日，新华和新文便招呼姊妹们陪老人出去聚餐，看看日新月异变化着的油城。

孩子们劝爸爸去外地旅游，看看外边的精彩世界。却被他婉言谢绝。在马福成眼中，外面的风景再美，也比不过克拉玛依的一草一木；外面的广场再大，也比不过克拉玛依的宽敞辽阔；外边的河流再长，也比不过缓缓流淌的克拉玛依河……

马福成讲述当年收养的故事

马福成今年88岁，在克拉玛依生活了66年。目睹这座城市从无到有，从小到大，从荒凉到繁荣的历史变迁。这片土地上融入了他的血汗，他的情感，他的热爱；埋葬着他最亲最爱的人……

孩子们理解爸爸的心情。不再劝他去外地旅游，而是借休息日，开车陪老人去大农业，去世纪公园，去克拉玛依河，去西郊水库，去会展中心……

俗话说，知足者常乐。马福成就是一个因知足而常乐的老人。问他有什么遗憾？他说，如今的日子越过越好，老伴儿没能过上今天的好日子是最大的遗憾。

问他最开心的是什么？他说：我的7个儿女都正直本分，善良孝顺，是最开心的。

问他有什么愿望？他说：假如有来生，还能站在风雨如磐的钻台上，手握刹把大喊一声开钻，就是最大的愿望。

△本文通过网络从柳仪博客收集。马福成系原钻井处1230钻井队司钻，此文来源于李娟的《功勋记忆》集。

与父亲干杯

蔡世俊

探亲假结束的前一个晚上，我和一些童年时的伙伴在一家卡拉 OK 厅聚会。大家玩得很开心，直到很晚才散去。

回到家已是深夜，四周一片寂静，我轻轻地打开门，小心地踮着脚尖走，经过餐厅的时候我站住了，父亲还没睡，昏黄的灯光下父亲一个人在喝酒。我知道父亲近来喜欢在夜深人静的时候喝点酒，一个人面对着几碟小菜，自斟自酌。

母亲曾暗示我去陪父亲喝几杯，我知道父亲也很希望我能去陪他喝两杯的。但我总觉得跟父亲在一起喝酒没什么话可说，不如跟朋友在一起轻松自在。

父亲拿起酒瓶倒了满满的一杯，对着无人的对面做了一个干杯的动作，然后，仰面一口喝完。我突然觉得父亲这么地孤独。从小到大，父亲让我们生活在一个没有风雨的港湾里。他呵护一切，承担一切。但是此刻，父亲在我眼里竟是孤独的。他的身体单薄，肩膀瘦弱，而这么几年来，就是这样的一个父亲在极力给我们这个家创造着好的生活条件，父亲该是多么的不易啊！而这些常常被我忽略，对父亲有的只是这样或那样的要求，甚至还有要求不被满足时的责怪。父亲却没有因此而减少对我的爱。当我远离家乡去新疆支边后，父亲对我的爱则成了一种牵挂。冬天一到，他就非常关注一个与他相距甚远的大西北城市的天气，因为他的儿子要在那里工作、学习和生活。

父亲放下酒杯，点燃一支烟，用力地吸了一口，又吐出大口大口的烟雾。这个时候父亲在想什么呢？会不会在想又要离家的我呢？烟雾中的父亲渐渐模糊，逐渐涌上心来的感动，使我明白，父亲对我的爱，我今生注定是无法一一说清与偿还的了。但这肯定不是父亲想要的，或许他只是欣慰能够看着我们顺利地成长，并期待着渐渐长大的我们能够理解生活中真实的他们。就像我的父亲或许一直在等着我能去陪他喝一杯，陪他一起回忆过去的悲欢苦乐，陪他一起品尝苦涩而甘甜的人生。

我走进餐厅在父亲的对面坐下，给父亲和自己倒满了酒，说道："爸，过两天我又要离家上班了，这杯酒我敬您，为您多年来的养育之恩，也为您的健康。"父亲没有说话，无言之中我分明看见父亲眼中一闪而过的光芒，而我一点也不觉得难为情了。"砰！"我和父亲干杯的声音在深夜里传了很远，我知道父亲等着这一刻已等了很久。夜仍是静的，无言的杯盏，有我和父亲许多想说的话。

△作者曾任新疆石油管理局钻井公司文化宫工艺室工人。

钻塔情

赵先明

掌声。她在台上感觉到台下人们在议论——“怪人！”“可把儿子给坑了！”不，这只是幻觉。她不自然地、下意识地拉拉披在身上的大红绸。

回到坐席上，她眼前一堆奖品在灯下闪着红红绿绿的光，朦胧中觉得自己不需要这些东西。上台时最初的兴奋已经消失，她甚至觉得自己根本就不该上台。自己只是一个最普通的人，一个已故钻井工人的妻子，一个钻井队合同工的母亲，这有什么值得夸耀呢？

“……真的没有什么！”当她领着儿子走进招工办，作出决定儿子命运的选择之后，面对领导的询问，她是这么说的。丈夫因公殉职，按例在儿子工作安排上是可以照顾的。她却为儿子选择了钻井工。她觉得这个选择非常自然，就像成熟的果子必然落地一样。她的心里始终有一座钻塔——那是她的丈夫郭宏吉，一个老钻工留在她心里的形象。她的丈夫，那钻塔一样魁梧的丈夫，她把他视生命的一部分。初婚那段甜蜜的日子是在钻塔下帐篷里度过的。每当深夜，她的“钻塔”带着一身油香归来，她紧紧依偎着丈夫。她感觉自己的心，正在化作一块基石去支撑她心中的钻塔。她忘不掉他们的新婚之夜，那晚，他本可以陪她度过一个美好夜晚。可是刚吃过晚饭，井队就来人把他叫走了。留下她一个人，听着隆隆的钻机声，她第一次感到了夜的颜色。她等着他，盼望他早点回来陪她，可他迟迟不回来，她不知不觉地睡着了。她感到有人在轻轻地吻她，她猛醒过来，不顾一切地紧紧地抱住了他。

“油！油！我身上都是油！”

“油又怕什么，我只要你。”

爱情，一旦拥有它，就要给它春风，给它雨露……可是他呢？

在她的心灵深处，曾经萌发过希望他离开井队的念头。可是还没等她开口，却被他的行动给打掉了。那是婚后的第五天，他正和几个同事在屋里甩老K，走进来一个小伙子，要他在请调报告上签字。他停下摸牌的手，问了声为什么？小伙子撩起挂在脖子上的十字架说：“为了取掉这个。”“你混蛋！”他的嗓音带着火，眉头噙着怒，把满手的牌打在那小青年的脸上。

小青年把眼睛瞪圆：“打井，夺油；夺油，打井，整天都是这些，谁来管过我，我的血都让泥浆洗冷了……”

他一脚踢翻了桌子，要不是几个人拉住他，他会动手打人的。

事后她劝他：“怎么能这样？”

他摇摇头：“我也不知道。”

那天他给她讲了许多许多，脸上少了往日的欢愉，语气也很低沉：“钻井工是油田的尖兵，工作艰苦，工资虽然高一些，又有什么用呢？他们有烦恼，有痛苦，也有滚滚烫人的血……”看得出，他心里也有忧伤。

他们并肩走在幽深的林荫道上：

“宏吉，你在想什么？”她忘不了在那片小树林边，他面对远方的钻塔，凝眉不语的神情。

“唉！我们真不该相遇！”

“你为什么要对我说这话？你心里也有不化的冰吗？”

“我是钻工。”

“你以为我没想过这问题吗？怀疑我吗？”

“你真是个好姑娘。”

她又想起了那个戴十字架的小伙子：“签字让他走吧？”

他点点头：“我是不是太蛮了些？”

“有点。这蛮劲我可不喜欢，以后不会对我这样吧？”

从此以后，只要有人离开井队，他都给他们签字：“只要有本事走，我这里一律通过。”他对她说：“有一天井队的人都走光了，就把你接到井队来，给我生一大群儿子，组成一个钻井之家。”

“生一大群儿子？”

“这有什么？为了油田，为了钻井，哈哈……”他笑得很开心。她却拼命地打踢他，用手去堵他的嘴……

她更忘不了十年前悲痛的日子，她的“钻塔”在一声震响中倒下了。临终前丈夫拉着她的手，眼睛盯着身边的儿子，目光里含着深沉的嘱托：“钻工才是真正的石油工人。”她把目光转向才七岁的儿子郭欣，从儿子那稚嫩的肌肤下，她看到了钻塔的新塑材料——那即将成熟的钢铁般的骨架，这是他父辈血气的延伸呵！从此，她对儿子倾注的母爱中又多了一种新成分。她要用自己的心血再树起心中的钻塔。

那一天从招工红榜上，她看到了儿子的名字。在欣喜和快慰之余，她还有一种深深的不安。她想起了自己的心愿，但那毕竟是自己的心愿啊！儿子……儿子，他有自己的理想，也有自己的选择目标和选择权利。

这天晚上，她久久地注视着床上的儿子，儿子睡得很香甜。她看见儿子脸上的一丝笑意……忽然，她心里感到一阵内疚：这些年来，你跟着母亲受了不少苦。如今，又要送你到最艰苦的地方去，你恨我吗？

床上，儿子动了一下，母亲的心也跟着一动。17 年前，这个生命在她腹中也是这么躁动的，那躁动寄托着她无尽的希望，这是母亲用血肉塑造的希望啊！

“孩子，你是钻塔的后代，你的血管中流着石油工人的血，做母亲的有责任指引你对生活做出选择。”想到这里，她毅然走近床前，轻轻地而又坚决地摇醒了儿子……母子俩偎依在一起。

台下又一次响起掌声，这掌声非常热烈。台上，领导已介绍完她的事迹，宣布散会。她站起身来，此时，丈夫的话又在她耳边响起：

“钻工才是真正的石油工人……”

△作者曾任钻井公司宣传科科长。原文为报告文学，来自 1989 年 10 月 12 日《新疆石油报》。

组 诗

刘 琼

故乡的颜色

在克拉美丽你不能拒绝黄
多么空旷而辽远的黄
延续了你所有的梦想和思绪
那来自粒粒细沙仿佛一个个世界
你被笼罩其中甚至是无比坚硬的铁
——以及柔软的心

或许你会期待夕阳在路边熄灭
远处的城市一窗温情的灯火
遇见你沉思就仿佛听到了夜莺歌唱
多么美妙航海人未摘的星
全然被你收藏
你看为何爱人的酒里满是月光
而这月光是圆圆的黄

一座座沙丘把夜空睡满月光在流动
迁徙从石油诞生初始
一个人就已经习惯了
盐一样的思念沙一样的黄

被黄色浸满了你担心被其它色彩遗忘
当有人开始用黑马形容夜色有人在梦里
把云朵高喊你却在灯下寻找
故乡寻找故乡的颜色
而故乡的颜色却像——
克拉美丽的流沙不能拒绝的黄

观沙漠云海

仿佛世上所有的尘埃
都堆在天边堆在我窗前的东南方向
环绕着我触目的远方
是如此迫切而不可逾越

黄昏和晚霞已不在是
沙涌动聚集的借口
是我终生都无法拨开的雾
我必定穿越的沙海

我有时候会叹息叹息使我依恋

那些来自雾气还是露珠的凝结
这闪亮的光泽
以及我无边的探索紧紧追随
远方除了这堆起的尘埃
谁离我更近
是扑向未来的野草
无边的沙海
还是沙漠中转瞬即逝的春天

不要把眼睛眺向那里
天际不可捉摸我不能忽视
真实它就堆在天边堆在沙漠腹地
那林立的钻塔流动的红色工装
而更多的话语要轻易开启
那些真实的事物从天际抽出的风景
那从心底抽出的情感要比眼前的的云海来得真实
就像爱人即将兑现的诺言那涌动的汩汩油流

黄昏曲

我不能挽留黄昏
她已隐入远方荒凉的沙漠
我只能从一粒沙里寻觅古旧的浪漫

看月亮在云层里赶路

急匆匆地往返于
你我之间的那段距离
往返于静默的沙漠腹地
和一窗昏黄的灯火

此刻思念在夜幕里弥漫
仿佛一粒种子
投入漫漫苍穹等待回响

忍不住揭去夜的背后
在夜的背后
你我曾经的诺言闪烁夺目

透过月的辉光我仿佛看到
你在沙漠腹地
含着静默的语言
在地球的内核里脉动

仿佛血管中脉动着的激情
此刻我听到了
来自黄昏远去的足音，在沙漠
在城市往返于你我之间的那段距离

△作者曾在采油三厂第一采油作业区工作，现在采油二厂第七采油作业区任职。原文曾在2009年第四期《地火》刊载，并获得中国石油职工文学作品征文三等奖。

组　诗

廖永健

钻塔

一枚巨大的银梭编织着忙碌的时间
一只高高的花篮采撷着黎明的花瓣
一根刺破天空的桅杆钻井工人的希望是桅杆上的帆

采油树

一株朴素的油橄榄金属的根须金属的枝干
它的心，是喷泉每时每刻都向理想伸延

轮南塔北又新篇——贺塔中1号井

轮南塔北又新篇，大漠中央捷报传。

亘古波涛埋瀚海，一朝喷薄震人寰。
后来新庆真居上，百丈栏杆敢再攀。
曾看油龙翔万里，长城比翼壮奇观。

一举探骊竟得珠——致 7015 钻井队

一举探骊竟得珠，千寻求索半中途。
钢筋铁骨麾豪气，烈日狂风鼓战桴。
浩浩平沙多益善，层层海相管窥初。
昆仑喜看擎天手，重绘神州宝藏图。

△作者曾在钻井公司就职。组诗《钻塔》《采油树》来自 1985 年 11 月 28 日《新疆石油报》；《轮南塔北又新篇——贺塔中 1 号井》《一举探骊竟得珠——致 7015 钻井队》来自 1989 年 11 月 16 日《新疆石油报》。

永恒的铁人精神

潘 伟

坐落在戈壁的井架依然肩扛着日出
流浪在荒漠的钻工依然手握着刹把
在夕阳里钻成王进喜的雕塑
钻工把铁人精神钻进情感奔涌的深深地层
以年进尺突破三万米的呐喊宣告了大庆精神的永恒
7015 钻井队在塔中一井埋下了“三老四严”的种子
长成了钻工的钢筋铁骨
长成了共和国不朽的里程碑
不须嘴说不要发表不寻认可
他们用心用爱雕刻着石油工人的形象
这豁达的胸怀这崇高的境界
证明着哪里有石油哪里就有石油人
哪里有石油人大庆精神就会在哪里闪着跳动的火花

△作者曾任新疆石油管理局钻井公司广电中心副主任、钻井公司行政办副主任。原文来自 1990 年 1 月 1 日《新疆石油报》。

我的诗是一杯美酒

张孝党

我的诗是一杯美酒，
清香、甘美、醇厚，
它从奔腾的油海中吸取，
它以石油工人的汗水酿就。
献上一杯酒，
捎去美好的祝愿和衷心的问候，
愿你是一根钻杆，愿你是透彻的原油，
在钻台上、在油管中，
飞速旋转、快速奔流、无休无止。
敬上这杯美酒，带走这衷心的问候，
愿你是坚强的钻头，
辛勤耕耘喜获秋收，
来日，我们共饮这幸福的美酒。

△作者曾任采油二厂第二采油作业区经理、副书记，此诗由采油二厂企业文化科（工会办公室）提供。

后 记

在中共白碱滩区委重视和克拉玛依市政协的指导下，在辖区各企事业单位支持下，经过区政协和辖区文史资料爱好者的共同努力，《白碱滩文史资料》第二辑终于定稿出版了。

《白碱滩文史资料》第一辑出版后，得到了区委的肯定和社会各界特别是老领导老同志的好评。文史工作爱好者郭森的夫人读到《老伴儿和她的洗衣组》一文时热泪盈眶，激动地说："终于有一本书记录我们家属工为油田作出的贡献了！"并找来牛皮纸小心翼翼地包好，连声说"太珍贵了"。很多单位利用该书积极对单位职工、青少年学生开展思想教育，有效发挥了政协文史资料"存史、资政、团结、育人"的作用。这些都给我们以极大的鼓舞和新的启迪。

第二辑文史资料编辑工作继续贯彻"三亲"原则，主要围绕油田开发初期的一些重要人物和重大事件进行回顾。在严把政治关、史实关、文字关的基础上，尽可能"保留原文、尊重原意"，从"历史瞬间""史料记述""人物春秋""深情厚意""往事追忆""行业轶事"等几个方面，努力多方面、多角度反映当时油田生产开发的火热场景。

这次编辑出版工作，得到了辖区各单位和社会各界的大力支持。

我市文史资料的元老王连芳老人给我们的工作进行了悉心指导，原“三八”女子钻井队指导员吴淑华、原采油二厂厂长王延明、原钻井公司党委书记马国栋以及张展华、王广栋、薛存实等一批熟悉油田开发建设的老前辈主动向我们提供资料、提供线索。我区文化艺术名人、版画家崔清风老师为本书封面和封底设计提供了版画作品。在此，我们表示衷心感谢。

我们将在社会各界的关心支持下，总结经验，再接再厉，进一步做好我区政协文史资料工作，努力从多方面、多角度反映油田生产开发的光辉历程。由于经验不足，我们的工作难免存在失误、疏漏之处，恳请各位文史专家、读者予以斧正。